大學之道在明明德。在親民。在止於至善。

程子曰。親當作新。○大學者大人之學也。明。明之也。明德者人之所得乎天。而虛靈不昧。以具眾理而應萬事者也。但為氣稟所拘。人欲所蔽。則有時而昏。然其本體之明。則有未嘗息者。故學者當因其所發而遂明之。以復其初也。新者革其舊之謂也。言既自明其明德。又當推以及人。使之亦有以去其舊染之污也。止者必至於是而不遷之意。至善則事理當然之極也。言明明德。新民。皆當止於至善之地而不遷。蓋必其有以盡夫天理之極。而無一毫人欲之私也。此三者。大學之綱領也。

卷首書影：《大學》首句與朱熹對首句的注解。攝自公元1447年（*校按：明正統12年）之《四書集注》本。感謝普林斯頓大學葛思德東方圖書館（Gest Oriental Library and East Asian Collections, Princeton University）允以拍攝。

朱熹與大學：
新儒學對儒家經典之反思

[美]賈德訥 (Danicl K. Gardner)　著

楊惠君　譯

蕭開元　修訂

西方學者詮釋中國經典叢書　總序一

林序

　　二〇〇三年中央研究院為提振中國古代史研究，由本院中國文哲研究所、語言學研究所和歷史語言研究所等，共同籌劃「中國古代文明的形成」研究計畫。計畫下分為：「經典與文化的形成」、「古代中國及其周邊」兩項先期計畫，進行先期研究及規劃事宜，期望藉此結合國內外相關學科之研究者，共同組成研究群，以新方法、新觀點，用漸進的方式推動中國上古史相關主題之研究及人才之培育，希望在國際學術界中，建立臺灣在此一領域的領銜地位。其中，中國文哲研究所所負責的「經典與文化的形成」研究計畫，在為期兩年半先期規劃計畫的執行期間，大體著力於三大主題：一是經典的形成與流傳，二是經典的詮釋，三是經典反映的文化面向。

　　先期規劃計畫自二〇〇三年七月一日開始執行，至二〇〇五年十二月三十一日結束，總共進行了三十場的讀書會和專題演講，部分成果編為《經典的形成、流傳與詮釋》第一冊（臺北市：臺灣學生書局，2007 年 11 月）。為了使這個論題能讓學界投以關注的眼光，且能有更多資源用在研究上，我們以「儒家經典之形成」主題研究計畫向院方提出申請，幸獲通過。自二〇〇六年一月一日起開始執行三年，有十個分支計畫。

　　本研究計畫的目的不在檢討前賢研究成果之是非，而在結合傳世文獻與新出土文獻來解決以前所忽略的問題，例如：儒家經典的神聖

化問題，並沒有典籍有明確的紀載，那麼神聖化起源於何時，就有深入追究的必要。本研究計畫的目的就是要在當代的學術氛圍中，利用現存的文獻或新出土的文獻，來彌補以前關照面的不足。

在執行計畫的過程中，我們發覺國外研究此一論題的單篇論文和專著，也有不少。我們邀請國內精通外文的學者翻譯相關的論文多篇，一部分成果已刊登在《經典的形成、流傳與詮釋》第一、二冊「翻譯篇」中。另外有不少新出版的專著，專門詮釋中國的經典，我們也希望陸續翻譯成中文，匯集成一套叢書，供國人參考之用。以前西方學者討論中國傳統學術的著作，大多屬於歷史、哲學方面，討論經學的著作為數雖不多，但仍有可參考者，可惜很少學者加以介紹，或者翻譯成中文，國內學者也就較難藉由這些著作來學得較新的研究方法和增進自己相關的知識。為了讓國內學者能夠很快地了解國外研究中國經學的現況，我們邀請來自哈佛大學的貝克定（Timothy Baker Jr.）博士一起來規劃一套西方學者詮釋中國經典的叢書。我們蒐集了數十種書。經過半年的挑選，選入這套叢書的有以下十種：

1.Edward L. Shaughnessy

   Before Confucius: Studies in the Creation of the Chinese Classics

2.John B. Henderson

   Scripture, Canon, and Commentary: A Comparison of Confucian and Wester Exegesis

3.Kidder Smith, Jr., Peter K. Bol, Joseph A. Adler, and Don J. Wyatt

   Sung Dynasty Uses of the I Ching

4.Tze-ki Hon

   The Yijing and Chinese Politics : Classical Commentary and Literati Activism in the Northern Song Period, 960-1127

5. Steven Van Zoeren

   Poetry and Personality: Reading, Exegesis, and Hermeneutics in Traditional China

   6.Tomas W. Selover

   Hsieh Liang-Tso and the Analects of Confucius : Humane Learning as A Religious Quest

   7.John Makeham

   Transmitters and Creators : Chinese Commentators and Commentaries on the Analects

   8.Daniel K. Gardner

   Zhu Xi's Reading of the Analects : Canon, Commentary, and the Classical Tradition

   9.Daniel K. Gardner

   Chu His and the Ta-hsueh: Neo-Confucian Reflection on the Confucian Canon

10.Bryan W. Van Norden

   Confucius and the Analects: New Essays

這十本著作皆由貝克先生來跟作者或出版者連絡，他們對我們傳揚學術的用心，都很欽佩。從今年起我們將陸續出版這十本著作。至於這十本著作的內涵和他的重要性，貝克先生的〈序〉已有詳細的說明，各位可以參看。

我一向扮演學界拓荒者的角色，一九七五年，我開始研究明代考據學，有人說明代沒什麼好研究的，勸我放棄這個念頭。我為了堅持理想，無視眾人異樣的眼光，勇往直前，完成了《明代考據學研究》（臺北市：臺灣學生書局，1983 年）一書，這書奠定了研究明代學術史的基礎，到現在已經成為研究明代學術思想史必讀的參考用書。

一九八七年，我開始編輯《經學研究論著目錄》（臺北市：漢學研究中心，1989 年），創新了不少專科目錄的體例，到現在這本《目錄》已成為國內外編輯專科目錄的典範，許多國內外出版的專科目錄，或多或少都受到這本《目錄》的影響。一九九一年，我開始編輯《日本研究經學論著目錄》（臺北市：中央研究院中國文哲研究所，1993 年 10 月），這是有史以來第一本日本研究經學的目錄。一九九七年，我到日本九州大學訪問研究一年，編輯《日本儒學研究書目》（臺北市：臺灣學生書局，1998 年 7 月），這是第一本日本研究儒學的書目。這兩本書目奠定了國人研究日本漢學的基礎，可以說是國內研究日本漢學的分水嶺。二〇〇〇年，我出版《日據時期臺灣儒學參考文獻》（臺北市：臺灣學生書局，2000 年），彌補了日據時期臺灣儒學文獻的缺漏，現已成為研究日據時期臺灣儒學和經學最重要的參考用書。二〇〇五年起，我開始執行「民國以來的經學研究」計畫，發現北京圖書館所編的《民國時期總書目》（北京市：書目文獻出版社，1991 年 12 月），收錄民國時期經學著作僅有兩百二十種，為了解決問題，我編輯《民國時期經學圖書總目》（稿本，待刊），已收錄經學書目一千四百種，這是一個驚人的數目。僅有書目對研究的幫助仍舊相當有限，於是我編輯《民國時期經學叢書》（臺中市：文听閣圖書公司，2010 年），已出版一至六輯，合計七百多種。這個事實可以證明，民國時期經學研究雖非學界主流，但並沒有真正的衰落。

　　國內中文學界一直對國外研究中國經典了解不足，所以也無法引用西方的長處來彌補自己的缺點，我們竭盡心力規劃了一套可以幫助國人了解西方學者研究中國經典的叢書。二〇〇六年開始，我和貝克先生開始籌畫，我們知道要把這些零散的西方學者著作蒐集起來，編輯成一套叢書，需經過很多困難。首先要跟作者和出版者聯絡，徵求他們的同意，再找翻譯者。大家都知道經典的研究本來就很困難，要

能了解經典的內涵，對經典有相當程度的熟悉，才能作翻譯的工作，這樣的人才在國內相當不容易找，也因此我們在找人翻譯的過程中遭遇了很多困難。但是，我們一想到這套叢書可以對國內中文學界有所幫助，我們不畏艱難，勇往直前，這也是一件開拓性的工作。做了這麼多拓荒的工作，唯一的目的就是幫助國內學術界奠定研究的基礎，然後了解西方研究漢學的虛實，不要在全世界漢學研究的競爭中，被邊緣化，這是我從事學術研究三十多年來一貫努力追求的大目標。

二〇一三年三月二十五日誌於
中央研究院中國文哲研究所 501 研究室

西方學者詮釋中國經典叢書　總序二

貝克序

　　本譯著叢書集結近二十年西方研究中國儒家經典的重要英文學術著作，而這些學術著作的作者也都是近年西方研究中國儒家經典具有卓越成績的學者。除了本叢書所收錄的學術著作之外，西方尚有許多研究中國儒家經典的學者，其著作對中國儒家經典的研究亦具有重要性的貢獻，然本叢書實難將這些著作悉數譯出，請讀者諒察。本叢書集結的這些著作，其作者並非全都生於西方，而且在這些作者中，有許多人絕大部分的學業是在臺灣或中國大陸完成的，因此他們對中國經典傳統相當熟悉。但儘管如此，他們也承襲歐美過去三個世紀以來對中國儒家經典研究的傳統。

　　歐洲對中國儒家經典的研究，原先是居於歐洲中國文化研究的核心地位，而且在研究中國儒家經典的頭幾個世紀，是為了要理解中國學術的價值所在。這些西方早期的學者認為經書應該是中國思想的根基，同時也是理解不同思想的關鍵，如同古希臘羅馬的經典也應該是西方思想的根基一般。這樣的看法在方法上或程度上是否正確，並不是我們所要討論的議題，但經書的確是西方思想家試圖了解中國人如何理解世界的開始。

　　第二次世界大戰結束後，西方對亞洲語言和文化的研究產生了很大的轉折，中國儒家經典的研究也隨之發生了大幅的改變，這是由於中國經典的研究在亞洲語言和文化的研究中失去了核心的地位，而且

在學術的研究方法上也有所轉變。在所有與亞洲研究相關的學術領域中，包括中國經典的研究，最重要的改變之一即是西方學者和亞洲學者雙方良性的互動，使得彼此能更深刻的瞭解對方的研究成果。儘管現今西方對中國的學術研究，其成果與現今的中文研究成果相較，兩者之間的距離已比五十年前更加拉近，但仍有某些方面的特點與臺灣和中國大陸的主流研究有所不同，而這些特點也都表現在本叢書的許多著作中。

首先，在這些著作中，有關社會、學術或文化的環境背景是最被關注的重點，而經書文本的原始意義大致上是次要的。這些著作是以雙向論證的分析方法（two-way dialectic of analysis）進行研究，也就是以環境背景來說明歷史上某位具有重要地位的學者為何會特別地在這個時期如此地解釋文本，而此學者解釋文本的方式又被用來闡述當時文化上的各種環境背景。其中社會和文化的議題可從許多觀點切入，如學術自由與國家高壓政策兩者之間的討論，因為這兩者都曾在中國經典的研究上發生過重大的影響。然而，有關這些文本的環境背景論點（contextualism），其價值觀不可用之太過。儘管我們可以將理解中國經典的焦點放在對環境背景的瞭解上，並以此作為理解中國經典最主要的方法，但是我們也必須認識到這些關於環境背景的論點，並非總能完全清楚明確且牢不可破地去解決這些文本中的疑義。因此，就此情形而言，利用文本批評的方式可將讀者原先專注的焦點重新轉向，並使讀者在文本理解上能求得其他的可能性。

在歷史的環境背景中去尋求文本的真義，可以確知文本最底層的真義是無法求得的，所求得的是受到歷史影響的意義，至少從現在這些作者的觀點來看是如此。這樣的結果何以會出現，則是需要我們去證明的。至於這些受到歷史影響的意義是否就是文本真正根本意義的反映或是不完整的理解，又或者這根本意義是我們可藉由不同版本之

間的探討而得，則是每位讀者必須自己去尋求解答的問題。

第二，關於類型（genre），即中國經書的注釋類型與經書本身的類型。這些類型的分類體系（typologies）在歷史上如何作用，且在歷史上如何被定義，以及此領域的學者如何從當下的時代跟文化來了解這些分類體系，則是我們要關注的。中國在文本的注釋類型上，有著行間夾注（interlinear textual commentary）的傳統，儘管這個注釋的類型並不只用於經書，但仍與其他文本有很大的關聯，因此我們很難只研究某書而忽略他書。雖然這些學者對經書中原始的意義興趣不高，將之置於次要的位置，但他們仍從文本的原始用字（original words），各種不同類型的注釋，注釋者思想上的關注、假設（intellectual concerns and assumptions）、所處的時代三個方向進行交互討論。

本叢書所收錄的這些著作還有另一個共同的傾向，即這些學者或多或少想要將經書與給予其生命與發展的母體（matrix，即儒學的信念和道德實踐）分開，這反而使得在定義儒學思想學派時，大多是以經書的研究來定義。因此，本叢書的這些譯著很自然地將經書置於撰作和解釋經書的時代思想背景中去研究，也就是說，這個背景雖然是以儒學為主，但文本皆是各自獨立運作的。

在某些作者的其他著作中，特別是韓德森（John B. Henderson, 1948-）及韓子奇（Tze-Ki Hon, 1958-），皆曾強調經書與正統儒家傳統本身定義（self-definition）的關係。然而，在本叢書的著作中，作者們認為個別的經書或經典本身的主要部分為一思想文化的存在實體（entity），是直接屬於廣大社會和政治環境背景（ milieus）的一部分，而他們這樣的想法比起將之認為是屬於儒學的，可能更加合適且有所超越。

經書存在於儒學的背景下已有兩千多年之久。也就是說，兩千多

年來讀經、注經及釋經、以及經書的教授在不同階段的教育中，這整個的過程幾乎是以經書是儒家思想基幹（backbone）的含義來進行的，而這裡的儒家思想在意義上可理解為一種態度或一種共有的價值觀或目標，而不只是信仰、文本或禮節儀式這種核心的定義。自中國傳統君主專制政體滅亡後，社會上和思想上產生了急遽的轉變，儒學的社會和政治地位也產生了極大的變遷與不明確的情形。雖然治世的目標在國家、家庭、個人的層面上依然強烈，但已很少人會依儒學所標的綱目去追求，而這時移世變的觀點也不能不對中國本土的經學研究造成普遍的影響。相反地，西方對儒家經典的討論，除了幾個學者的論點之外，通常能不為儒學所遮蔽而進行。

最後一點是，相較於中國學術界研究經典的主流，本叢書所收錄的這些著作對與經書相關的二次文獻（secondary literature）則並無太多的討論參與其中。雖然有時候對二次文獻的討論確實是有出現的，但在作者主要的論述中通常是次要的。這些研究真正著重的反而是經書中潛藏的、未明言的內在意義，而這也與現代西方思潮關注的議題緊密相關。這些議題與英美在史學理論的論述上有更多的相關性，而與法國或德國在這些議題的論述發展上不大相關。在這些論述中，有三方面的議題值得關注，即決定論（determinism），單元觀念（unit ideas）與傳承（transmission）。

決定論這個議題指的是我們是否可以瞭解文本的內容是什麼，以及我們何以可以確定我們對文本的內容是瞭解的。文本是否有意地留有繼續討論的空間（open-ended），又或者這樣的討論空間會出現有一部分是因為作者本身無法確定自己的意義是否正確，而有一部分是因為讀者無法穿透文化及語言變遷的厚重面紗而獲得文本最後的真義呢？另一個與決定論意義不同的議題，也就是不確定性（indeterminacy），也在二十世紀初由物理學家們所提出，而自這個議題提出後，也對同

時期的當代西方文學及文學批評造成影響。決定論是二十世紀初實用主義（pragmatist）思想學派所關注的核心議題，特別是詹姆士（William James, 1842-1910），他主張真理（truth）和觀念（idea）兩者之間若缺乏一種穩定的關係，那麼觀念便會藉由發生在真理和觀念的事件過程中變成真理。本叢書這些著作中的基本理解背後，也含有此一態度。

相對於不確定性的流動性、可變移性（the fluidity of indeterminacy），也就是單元觀念的概念，儘管這個概念在主要倡議者羅孚若（Arthur O. Lovejoy）提出後，便在提出的方法上受到嚴厲的批評，但這個概念普遍影響了學者們的思想史觀。雖然批評羅孚若的人否認這些單元觀念是可隨著時間流逝而持續存在並發展演化的實體，但在中國經典的背景下，使我們很難不去聯想到發揮在中國經典結構研究（structure study）上的基本概念，與單元觀念有著極為相似之處。在本叢書中，我們可以看到西方學者從這個論辯的背景展開研究，並以這些概念中更精微的觀點作了明確的定義。

「傳承」這個議題可視為前兩個議題的延伸。傳承指的是在學者之間如何建立共享的觀念（ideas）和實體文本（physical texts）。被經典化後的文本在還未形成文本之前，是以口耳相傳的方式傳承。我們若要對這段口耳相傳的時期有所瞭解，可從帕里（Milman Parry, 1902-1935）與洛德（Albert Lord, 1912-1991）二人早期對西方荷馬經典作品的研究中去追溯，而他二人的研究，也有助於我們重新思考中國經典初期形成的問題。後代學者在研究上所關注的議題，則多來自於以下兩方面：一是要瞭解記載與複製文本的方法對文本理解的重大影響性，另一是要瞭解文本如何對其所關注的時代社會具有影響力。

其中還有一個議題要討論的，就是這些作者如何選擇想要研究的經書。如同宋代偏重《四書》的研究，西方在研究中國經書時似乎也

著重在較為平易近人的文本上,也就是《易》、《詩》和《論語》,特別是從上個世紀的中葉開始。至於《尚書》、《禮記》、《春秋》這三部經書,西方則鮮少注意。這或許有部分的原因是此研究領域中以英語從事研究的學者,他們在閱讀中國經書時的需求與本身的才能,因為他們最感興趣的中國經書,是那些恰巧可符合現代世界某些情形的價值觀並以之作為評價的經書。而《尚書》、《禮記》、《春秋》這三部中國早期的經書之所以未能成為近期西方研究的主流,可能與其文字和語言研究上的不易有關。

除了選擇想要研究的經書之外,還有一個議題是西方的學者在過去五十年是如何研讀這些經書。過去五十年西方學者研讀經書的方法是與宋學派學者相近的,正如賈德納(Daniel K. Gardner, 1950-)所說的「以當代的語言去『重新閱讀』文本」,而非漢學派的釋經方式。雖然此二學派(若漢學、宋學真正可被認為是學派的話)的對立立場,已於過去幾十年中大大地和緩下來,但此二學派仍持續保有其某些特定研究方面的特徵記號可供區分。然而,西方對中國經書的研究並沒有朝向中國那樣的劃分方式發展,也就是說,在西方雖然經書本身仍各保有其相當清楚明確的定義,但經學本身是否以學科的方式存在則很難說。

最後還有一點,我們可以注意到這些作者與中文著作的作者有許多不同之處,是因為兩者各有各的讀者,而且兩方讀者的設想與興趣也不盡相同。西方的讀者大致上多喜好在中國經書研究之外,繼續與思想史相關的議題;相反地,中國的讀者則想要對經書相關的議題更加專精且瞭解。因此這些作者在著作中一方面呈現自己對文本意義的理解,另一方面則論證這些文本在意義上有其流動性。

最後我想以一句英文的諺語作為總結,這句諺語是「將煤礦運往新堡市(Carrying coals to Newcastle)」,意即多此一舉、徒勞無功,

因為新堡市是英國歷史上煤礦輸出的主要海港之一。但這句諺語在美國有著第二層含義或反響（resonance），這是因為美國早期一位來自麻薩諸塞州（Massachusetts）的商人戴思特（Timothy Dexter, 1748-1806），於十八世紀末真的將煤礦裝船運往新堡市，並藉此發了一筆小財，因為這批煤礦在運抵新堡市的時候，正巧遇上煤礦工人罷工事件，也因此煤礦的需求量激增。

　　我懷著謙卑之心以此英文諺語作為本西方學者詮釋中國經典叢書總序的總結，是因為這個研究主題在中文方面的研究成果已經相當豐碩；我也希望能從這些英文研究著作中，發掘出某些具有價值的觀點，並將這些觀點運回此研究領域的發源地。雖然研究經學的學者在從事研究工作時，幾乎不會停止或怠惰，但本譯著叢書在某些方面與他們致力研究的方向上既有相似又有不同，這或許可引發他們對本譯著叢書的興趣。讀者在閱讀本譯著叢書時，或許會發現有某些觀念是他們過去所熟悉的，而有的則是具有新穎性和挑戰性的觀念。在過去的幾十年間，華人學者與西方學者在中國學術研究的成果上，兩者之間的差距已明顯地拉近；中央研究院中國文哲研究所經學文獻組出版本譯著叢書的目的，也在於進一步地使東西方學者一同為中國經學的研究而努力。

貝克定

2010 年 11 月序於
臺灣花蓮國立東華大學歷史學系

中譯本序

　　這本書《朱熹與大學：新儒學對儒家經典之反思》是我對尊崇的儒家傳統經典中夾註扮演的重要角色，所做的最早的嘗試研究之一。

　　早在漢代，儒家經典的經生就已經在準備書寫成文的註釋。到了漢末，更將這些註釋分別插入到經典的文本之中，形成一種夾雜在經文中、隨文閱讀的註釋。從這個時期開始，很少中國人是在不具備隨文註釋的情況下來閱讀任何經典作品的。並且，隨著儒家思想在帝制時期的歷程中被視作中國文化傳統的最高表現，經典文本註釋的書寫就成為了一個準則，甚至是中國文人在學術議論研究的一個支配模式。在這些註釋中，這些文人可以表現他們對相傳已久的儒家學說的認識；通過註釋，他們建構了一個雖然與上古時期距離甚遠，卻充滿哲學或道德意義的世界。

　　註釋因此成為儒家文人論述的一門重要的類型，可是相對的卻鮮少受到研究儒家知識傳統的學術界的發掘，在中國以外尤其如此。書信、評論文、文學作品、語錄等等已被思想史或文學史的學者仔細的討論過，但是對於那些富含著超過好幾個世紀的儒家思想與詮釋的注釋，卻在很大程度上受到忽視。倘若對於這個類型欠缺充份的考慮，那麼我們刻劃儒家思想的歷史，更重要的，其歷時的發展，將必然持續處在不足的狀態。

　　進入儒家傳統的研究必須開始，以一種具有系統性和帶有歷史性的敏感的態度，來說明這些大量的注釋論著。

　　存在著的這些數量龐大的註釋論著說明了儒家經典是啟發中國文

人代代相承的一個持續性泉源，就像西方的聖經一般。文人嚴肅地對待古典作品，雖然他們之間對於經典的權威與神聖，和經典中特定的古典作品的態度完全不一致。的確，這其中有許多人將這些文本當作真理的寶庫，是這個文明中偉大聖人深刻的話語。而這些人認為，他們自己的生命、文化，甚至整個宇宙，都將在這些著作中被發現，人們只需要在這些話語中認真地去思考。如同這個註釋類型所展現的那樣，儒家傳統非常實際的就是從對於這個傳統的反思中發展出來的。

當然，沒有比有宋一代偉大的哲學家朱熹，對於型塑儒家傳統思想的意義作過更多的工作了。他的具有巨大影響的道學就是從他對經典的閱讀所開展出來的，尤其是〈大學〉、《論語》、《孟子》與〈中庸〉等經典。對於朱子而言，這些文本，所謂的四書，是儒家傳統基礎的論著。根據朱子所言，它們是在閱讀所有其他經典文本之前，必須首先閱讀的文本。而在四書之中，通往「道」的路徑就從閱讀〈大學〉開始。

我很高興，也很感激中央研究院中國文哲研究所選擇我這本對朱熹與〈大學〉的研究論著翻譯成中文。（范麗梅譯）

賈德訥

2015年7月

獻給我的雙親
瑪蒂達與傑瑞・賈德訥
(MATILDA AND JERRY GARDNER)

致謝辭

　　本書歷時多年纔逐漸成形，期間許多人極佳的建言和識見，都使本書獲益匪淺。哈佛大學的宇文所安（Stephen Owen）和史華茲（Benjamin I. Schwartz），以及普林斯頓大學的彼德遜（Willard J. Peterson），閱讀了本書種種不同的草稿，屢屢欣然展讀，且不忘提出批評。而我也相當感激哈佛大學的柯立夫（Francis W. Cleaves）和楊聯陞（Lie-sheng Yang），以及衛斯理學院的劉元珠（Ruby Lam），他們三位針對我的原典英譯，特別是原典文義難以理解之處，用了許多時間仔細地閱讀。我尤其要感謝范德堡大學的包筠雅（Cynthia J. Brokaw）多年來耐心地傾聽我的想法。她的批評一向不留情面、毫不退讓，而且總是一針見血；在她的督促之下，我交出了一張光憑自己絕對無法達到的成績單。如果讀者認為這本書還能有點用處，多半是拜上述諸君所賜。

　　最後，我必須慶幸自己一開始在哈佛大學當研究生，以及之後在史密斯學院擔任講師時，得以使用哈佛燕京圖書館內豐富的館藏資源。該館館員們無論在專業的素養或親切的態度方面，我想應無人能與之匹敵。書目管理的工作往往非常單調無趣，但他們竭力地使這份沈悶的工作變得輕鬆愉快。他們認真積極的工作精神，的確相當具有感染力。

　　本書第三章和第四章的內容，有部分原本刊登在 *Journal of Chinese Philosophy* 第十卷第三期的 "Chu Hsi's Reading of the *Ta-hsüeh*: A Neo Confucian's Quest for Truth"（〈朱熹對《大學》的解讀：一位新

儒學學者對真理的追尋〉〉[*]一文當中，今獲該刊編輯的同意，於本書中轉載。

---

[*] 中文篇名為譯者所譯。

目次

導論

　　自漢代至本世紀初期，儒者若要尋求思想上的啟發和引導，都會以儒家經典的典籍作為對象。儒家經典的形成始於漢代，亦即漢武帝的統治期間（公元前140年—前87年），一直到將近一千二百年後，儒家經典的典籍由原先的五部增多至十三部，此時儒家經典的形成才大致底定。這些典籍，也就是所謂的十三經，被認為含有儒家學說的要義。我們不能只單純地將閱讀十三經當作應盡之責；閱讀十三經也是一種和古聖先賢進行對話，從而更加瞭解儒家遺緒（heritage）的途徑。十三經的讀者們經常將他們對聖賢之言的反應寫成注釋，並將注釋編入經書的行句之間。這種對經典的注釋形式，成為儒道（the Confucian Way）信奉者間表達思想的主要模式。

　　今日我們可以用各種不同的方式去閱讀儒家經典中的一部經書。舉例來說，我們或許可以絲毫不差地去試著重構文本作者原先的用意為何。透過歷史語言學多方面的研究，我們或許可以試圖找到作者在寫作當時，文本中文字可能的用法和意義。當然，重構作者當時想要表達的意思，與重構幾世代中國讀書人讀過這部文本之後所理解的意思，是完全不同的。或者，我們也許可以不用史學的研究方法，而用哲學的研究方法去研究文本。在哲學的研究方法之下，我們要尋求的是何種文本的解讀最能為我們信服，即：文本中文字所表達的意義究竟為何？雖然有人可能會認為用哲學方法解讀過後的文本，必然是作者原先的用意，或者是認為大多數的中國人可能都是以哲學的方法去解讀文本，但這種研究方法的主要目的，並不是為了要揭露作者原先

的用意，也不是要呈現在後來的儒家傳統中如何理解這部經書。

　　還有一種是史學家可能會採取的研究方法，也正是我在本書中採用的。即：無論史學家有多麼想知道經書作者原先的用意，他仍舊不會專注於還原經書原始的意義。他也不是以找到一個自己覺得合理又滿意的文本解釋作為他最大的興趣。他的工作反而應是以某個特定時代的中國人本身對這部經書的理解，去理解這部經書，無論這些中國人的理解對他而言是否具有說服力。他可能會仰賴歷代儒家學者所撰作的解經和釋經的著作。這些解經和釋經之作對經書的解讀，若史學家發覺有歷史語言學或哲學方面不夠精確的地方，他也不會去批評或辯解為何不夠精確。因為他關注的畢竟是去論證經書如何被解讀，以及當時為什麼可能是以那樣的方式去解讀，而不是應不應該以那樣的方式去解讀。

　　這些方法對儒家經典的研究而言，或許都是合理恰當的，但功用卻不相同。前述最後談到的歷史研究方法，是要去證明（至少可從中去間接證明）儒家傳統在中國歷史上的變遷過程。這種研究方法的基本理念，就是建立在儒家典籍在不同時代和不同人的眼中，會產生不同理解的觀點上，這和西方基督教《舊約聖經》和《新約聖經》的情形大致相似。無論儒家思想還是基督教信仰，都不再是堅不可破的龐大體系；正如同阿奎那（Aquinas）*和奧古斯丁（Augustine）對於基督教傳統的核心典籍有著不同的想法，朱熹（1130-1200）對於儒家經典的想法，也和鄭玄（127-200）有所差異。也正如同阿奎那對基督教聖典的思考，促成了他對基督教義提出了創新的見解，朱熹對於儒家經典的思考，也形成了儒家學說一種新的見解，而朱熹這種新的見解，對一位漢代的儒者而言，幾乎是難以想像的。

---

* 校按：阿奎那全名為聖多瑪斯・阿奎那（St. Thomas Aquinas）。

　　由朱熹等人從宋代開始提倡的新型態儒學，是近年來許多單篇論文、博士論文、專題論文和專著所研究的主題。[1]但奇怪的是，鮮少有人注意到這種新型態儒學（西方稱之為新儒學）和儒家經典彼此之間的關係。這樣的忽視，不幸地正助長了那些從宋代開始和新儒學學派對立之人的觀點，因為他們認為新儒學的學說幾乎是完全自立於儒家經典傳統外而生成的，而且實質上可能更具佛家色彩而非儒學本色。本書的主旨則在於堅信宋代的新儒學學者是高度地尊崇著儒家經典，並從儒家經典中得到啟發，希望藉此矯正過去對兩者之間所造成的忽視。

　　在所有新儒學的學者之中，與儒家經典關係最密切的莫過於朱熹。朱熹投注了畢生的精力研究儒家的經書，並寫成了大量相關的解經和釋經之作。然而，朱熹並非對全部的十三經都感興趣，似乎只有其中的幾部經書比較能引起他的興趣，並得到他高度的重視。他尤其致力於鑽研《論語》、《孟子》以及《禮記》中的〈大學〉和〈中庸〉兩篇，因為他相信這幾部經書含有「道」（the Way）的本質。朱熹對此論道：「然欲其簡而易知，約而易守，則莫若《大學》、《論語》、

1　這些相關著作的數量極多，筆者無法在此完整羅列。陳榮捷（W. T. Chan）曾撰作這些相關著作的目錄，分別是 "The Study of Chu Hsi in the West," *Journal of Asian Studies* 35.4:555-557(August 1976)，與 "Wang Yang-ming: Western Studies and an Annotated Bibliography," *Philosophy East and West* 22:75-92(1972)，讀者可參看。近年相關的重要著作有：Hok-lam Chan(陳學霖) and Wm. Theodore de Bary(狄百瑞), eds., *Yüan Thought: Chinese Thought and Religion under the Mongols*; de Bary, *The Liberal Tradition in China*; de Bary, *Neo-Confucian Orthodoxy and the Learning of the Mind-and-Heart*; de Bary and Irene Bloom, eds., *Principle and Practicality: Essays in Neo-Confucianism and Practical Learning*; Thomas Metzger, *Escape from Predicament: Neo-Confucianism and China's Evolving Political Culture*; Hoyt C. Tillman(田浩), *Utilitarian Confucianism: Ch'en Liang's Challenge to Chu Hsi*。（*校按：讀者應留意這些研究成果為作者當時學術界的研究成果。）

《孟子》、《中庸》之篇也。」[2]從朱熹晚年寫的一封信中，就能很清楚地看出他全心全意地研究這四部典籍：

> 熹於《論》、《孟》、《大學》、《中庸》，一生用功，粗有成說。然近日讀之，一二大節目處，猶有謬誤，不住修削，有時隨手又覺病生。以此觀之，此豈易事！[3]

公元一一九〇年，朱熹將鑽研了五十幾年、注釋了將近三十年的《大學》、《論語》、《孟子》和《中庸》合為一編，以《四子》（the Four Masters）為名刊印。在此之前，這四部內容簡要的典籍從未編為一書流傳於世。在朱熹心目中，這四部典籍建構了對儒家學說內在前後一貫的表述。千百年來，《五經》（即《易經》、《詩經》、《書經》、《禮記》和《春秋》）一直被認為是儒家傳統的核心典籍；但朱熹深信儒家學說能更容易地從《四子》中理解，因此敦促他的門人轉而專心研讀那些典籍。儒家傳統自此開始轉變，呈現新的面貌；因為《四子》（從元代開始普遍被稱為《四書》）逐漸取代了《五經》的地位，成為儒家傳統的權威典籍。

《四子》逐漸取代《五經》地位的情形，確實如此。公元一三一三年，元朝政府規定《四書》和朱熹的《四書集注》為科舉考試的基

2 　《晦庵先生朱文公文集》（以下稱為《文集》），卷 59，頁 5 上。（*校按：原文作「然欲其簡而易知，約而易守，則莫若《大學》、《論語》、《中庸》、《孟子》之篇也。」）

3 　《文集》，卷 53，頁 17 上。王懋竑（1669-1741）在他的《朱子年譜》（以下稱為《年譜》）中標明這封信的寫作時間約在公元 1183 年之後。見《年譜》，頁 65。關於《年譜》，參見 Conrad Schirokauer, "Chu Hsi's Political Career: A Study in Ambivalence," in *Confucian Personalities*, ed. Arthur Wright and Denis Twitchett, pp. 354-355, note. 8。（*校按：王懋竑之生年應為 1668 年，如本書第三章所言。）

本科目。[4]往後的六百年間，凡是中國讀書人要應考科舉，無論是鄉試、會試、殿試其中任何一種的考試，都必須先證明自己對《四書》中的每一部典籍皆精通嫻熟，或者說得更確實些，是精通嫻熟朱熹對《四書》每一部典籍的理解。因此，自元至清，幾乎所有中國的讀書人都受到《四書》的影響；而他們對《四書》的理解，也都遵循著朱熹在《四書集注》中所提出的解讀。很少有著作能像朱熹的《四書集注》一樣，深深地影響了宋代以後中國知識分子的傳統。

朱熹強烈地要求他的門人首先要熟讀《四書》中的《大學》。因為《大學》是「初學入德之門也」。[5]朱熹用了好幾種不同的說法來指稱這部內容簡要的典籍，如「地盤」、「為學綱目」、「間架」[6]等等。《大學》比其他任何一部儒家經典更精確地表現出儒家學說廣遠的目標——修身與治世。在朱熹心目中，《大學》就是「行程曆」；[7]《大學》一步步地繪製出儒家學說概要的主旨。學生一旦能完全領略，就可以朝著正確的方向，滿懷自信地繼續沿「道」前進。本書的研究是企圖說明朱熹及朱熹之後的儒家學者，是如何解讀這部具有重要地位的典籍。書末有筆者對《大學》完整的英文譯解。筆者參考了朱熹的《大學》注解以及朱熹其他的著作，儘量忠實地遵循朱熹對《大學》的理解，來完成這英文譯解的工作。

4　《元史》，卷 81，頁 2019。

5　此為程顥（1032-1085）之言，朱熹引述於《大學章句》的引言中；見《大學章句》，頁 1 上（本書頁 117）。

6　三詞分別出自《朱子語類》卷 14，頁 2 上；卷 14，頁 3 下；卷 14，頁 2 上。有關《朱子語類》（以下稱為《語類》），見本書第三章，頁 59-60。

7　《語類》，卷 14，頁 2 下。

1
從五經到《四書》
—— 概述

公元一一九〇年，朱熹將《大學》、《論語》、《孟子》和《中庸》合為一編，刊印成《四書》，也就是《四子》。[1]這是首次將此四部典籍合為一編刊印；朱熹認為這些典籍是儒家施教時的基礎科目，必須首先研讀。《朱子語類》卷十四記載著朱熹強烈地要求其門人要專心研讀這些典籍：

> ……如《大學》、《中庸》、《語》、《孟》四書，道理粲然。人只是不去看。若理會得此四書，何書不可讀，何理不可究，何事不可處！[2]

另外還有更簡明切要的說法：

> 學問須以《大學》為先，次《論語》，次《孟子》，次《中庸》。[3]

朱子對《四書》的高度重視是顯而易見的；他認為這是儒家學說的基礎，比五經（《易經》、《詩經》、《書經》、《禮記》、《春秋》）更加重要。

1　參見《年譜》，頁 176-178。
2　《語類》，卷 14，頁 1 上。
3　同上註。

　　此外，朱熹對這四部典籍訂定了一套研讀的先後順序。他之所以這麼做，似乎是希望在學習的過程中能更有系統，也因此易於學習：[4]

> 某要人先讀《大學》，以定其規模；次讀《論語》，以立其根本；次讀《孟子》，以觀其發越；次讀《中庸》，以求古人之微妙處。[5]

我們可以發現在朱熹的著作中，他不斷反覆地談到他所提議的研讀順序。例如在《大學或問》中[6]，又可見到關於研讀順序的說法：

> 蓋不先乎《大學》，無以提挈綱領而盡《論》、《孟》之精微；不參之《論》、《孟》，無以融貫會通而極《中庸》之歸趣。然不會其極於《中庸》，則又何以建立大本，經綸大經，而讀天下之書，論天下之事哉？以是觀之，則務講學者，固不可不急於四書，而讀四書者，又不可不先於《大學》，亦已明矣。[7]

在朱熹心目中，這四部典籍完美地構成一個密不可分的單位，一個和諧的整體，在這個整體中，若少了其他三部分，任何一個部分都沒有什麼意義。因此朱熹建議先讀《大學》，然後接續地研讀《論語》、《孟子》，最後再讀《中庸》。

　　然而，在朱熹之前的時代，儒家傳統的基本典籍是五經。公元前二世紀，漢武帝（在位期間為公元前141年—前87年）設置了「五經博士」的制度，因此在所謂的十三經中，五經是最早成為經典的典

4　筆者曾撰文詳述此論點。見"Principle and Pedagogy: Chu Hsi and the Four Books," *Harvard Journal of Asiatic Studies* 44.1:57-81(June 1984)。

5　《語類》，卷14，頁1上。

6　有關《大學或問》（以下稱為《或問》），參見本書第三章，頁58-59。

7　《或問》，頁20上。

籍。當時群臣極力地奏請武帝罷黜道、法二家的學說，獨尊儒術；公元前一四一年，武帝下令所有不信奉儒家的人，特別是那些具有法家傾向的人，一律不得在朝為官[8]；公元前一三六年，武帝設置了《易經》、《詩經》、《書經》、《禮》（當時的《禮》可能包含我們今日所知道的《儀禮》，以及至少包含今日整部《禮記》中大部分的篇章）、《春秋》此五部儒家經書的博士官職。[9]五經博士擔任皇帝的顧問，並在公元前一二四年以後，於太學中講學授徒（太學是由公孫弘〔公元前200年－前121年〕提議而新設的機構）。依照公孫弘的提議，太學的弟子若表現傑出，也就是能精通一部或多部經書，將可在朝中得到一官半職。[10]這種方法很快地就成為取得官職的主要途徑。[11]至此，儒、道、法三家的地位可謂不相上下；但由於太學的設立，而且在太學中只用儒學經師來教授儒家科目，儒家很快地取得了近似國家

---

8 在公元前 141 年一篇呈給漢武帝並獲得武帝應允的奏議中，明確地要求罷黜尊崇申不害、商鞅、韓非、蘇秦、張儀學說的人，而申不害、商鞅、韓非、蘇秦和張儀多為法家之人（《漢書》，卷 6，頁 155-156；亦可參見 Homer Dubs[德效騫], *History of the Former Han Dynasty* II, pp. 27-28）。但《漢書》的作者班固（32-92）表示，漢武帝即位之時便罷黜所有不尊崇儒家的官員（《漢書》，卷 6，頁 212；亦可參見 Dubs, *History of the Former Han Dynasty* II, pp. 119-120）。

    但我們絕不能就此認定，不尊崇儒家的人在當時的政壇就不再有影響性。公元前 81 年，即武帝歿後不久，官方舉行了一場鹽鐵會議，桓寬將這場會議中的辯論記載為《鹽鐵論》一書，其中清楚地證明了法家官員在朝中的重要性和影響力。

9 《漢書》，卷 6，頁 159；亦可參見 Dubs, *History of the Former Han Dynasty* II, p. 32。

10 有關公孫弘呈給皇帝的奏議內容，見《史記》，卷 121，頁 8-12；亦可參見 tr. Burton Watson, *Records of the Grand Historian of China* II, pp. 399-401。此篇奏議也記載在《漢書》之中，參見《漢書》，卷 88，頁 3593-3594；另外，德效騫也曾撰文討論此篇奏議，見 "The Victory of Han Confucianism," *History of the Former Han Dynasty* II, pp. 346-347。

11 司馬遷表示，自從公孫弘提議之後，「則公卿大夫士吏，斌斌多文學之士矣。」見《史記》，卷 121，頁 12；亦可參見 Watson, *Records* II, p. 401。

正統的優越地位，一直維持到本世紀為止。[12]

到了公元九世紀中葉，儒家經典已經由原先的五部增多至十二部，包括《易經》、《詩經》、《書經》、《禮記》、與《禮記》互補的禮制典籍《儀禮》和《周禮》、《春秋》（附《左傳》）和它的另外二傳《公羊傳》與《穀梁傳》、《論語》、《孝經》、《爾雅》；公元十一世紀末，增入《孟子》成為最後一部經典。[13]然而在這個經典化的漫長過程中，五經一直是儒家傳統中最重要的核心典籍。事實上，許多在漢代以後被列為經典的典籍，其實都只是五經的傳注和互補之作而已。

漢代滅亡以後，經典化的過程雖不斷持續地在進行著，然而自漢末迄唐，儒家經書受讀書人重視的程度已大不如前。在這段時期中，

---

12 讀者應留意的是，雖然儒學的確維持了千百年的正統地位，但在某些朝代中，儒學在影響性和普及性方面皆不及佛教。有關漢代儒學的簡述，可參見 Dubs, "The Victory of Han Confucianism," *History of the Former Han Dynasty* II, pp. 341-353; Hu Shih (胡適), "The Establishment of Confucianism as a State Religion During the Han Dynasty," *Journal of the North China Branch of the Royal Asiatic Society* 60:20-41(1929); Tjan Tjoe Som(曾珠森), *Po Hu T'ung: The Comprehensive Discussions in the White Tiger Hall* I, pp. 82-89; John Shryock, *The origin and Development of the State Cult of Confucius*, pp. 33-47; Benjamin E. Wallacker, "Han Confucianism and Confucius in Han," in *Ancient China: Studies in Early Civilization*, ed. David T. Roy and Tsuen-hsuin Tsien(錢存訓), pp. 215-228；王國維：〈漢魏博士考〉，《王觀堂先生全集》，冊1，頁 156-199。(*校按：讀者應留意作者此書於 1986 年出版，故書中所言的「本世紀」乃為二十世紀。)

13 《四庫全書總目提要》的編者表示，自元祐年間（1086-1094）開始，科舉考試即以《孟子》取士。見《四庫全書總目提要》，頁 717（校按：誤，應在頁 711）；事實上，王安石（1021-1086）早在公元 1071 年，已率先要求所有待試進士者要精通《孟子》一書（《續資治通鑑長編》，卷 220，頁 1 下）。另外，《四庫全書總目提要》的編者指出，雖然《孟子》在元祐年間已被尊為經，然第一次正式將《孟子》列入經部的書目，是十三世紀中葉陳振孫（約生於公元 1190 年，卒於公元 1249 年後）的《直齋書錄解題》。關於《直齋書錄解題》，參見 Teng(鄧嗣禹) and Biggerstaff(畢乃德), *Annotated Bibliography of Selected Chinese Reference Works*, p. 16。

反而是玄學吸引著中國的讀書人，而從印度經中亞傳來的佛教，更是
有過之而無不及，這是因為玄學和佛教所關注的自身救贖和宇宙論的
問題，對當時而言，的確相當合適。從公元二世紀到六世紀，整個中
國陷入政治的混亂和社會的動盪，或許因為這樣的原因，助長了玄學
和佛教學說對當時中國讀書人的吸引力。傳統儒學向來不以廣義的本
體論和形上學的議題為核心，若是遇到這樣的議題出現，傳統儒學會
將這樣的議題置於其最重視的倫理觀和社會道德觀之下，用以支持其
倫理觀和社會道德觀。因此，正當玄學和佛教提出本體論和形上學的
議題的時候，儒學依舊維持原貌，並未與時俱進。儒家的影響力急遽
下降，經書的研究隨之式微。儘管仍有人研讀經書（特別是五經），
並將經書視之為儒家傳統的基本典籍，但相關的研究多半平庸無奇，
幾乎完全侷限在歷史語言學的題材中。

　　到了宋代，儒者研究經書的熱情，又再次地恢復，因此宋代儒者
對經書的研究，是值得我們注意的。事實上，身為一名「儒者」所代
表的意義，在宋代和在宋代以前是大不相同的。幾乎宋代所有重要的
知識分子，如：孫復（992-1057）、胡瑗（993-1059）、范仲淹（989-
1052）、歐陽修（1007-1072）、王安石（1021-1086）、司馬光（1019-
1086）、蘇東坡（1036-1101）、張載（1020-1077）、二程兄弟的程顥
（1032-1085）和程頤（1033-1107），當然，朱熹也不例外，他們都投
注了許多時間和心力去研究儒家典籍。在他們的心目中，經典無疑地
蘊藏著真理；真正的問題在於經典必須經過適切的詮釋後，才能發掘
出真理。自漢代以後，儒家學者太過仰賴傳統的注解，而傳統注解往
往無法呈現經書真正要表達的意義，因此使得他們無法掌握文本的內
在含意。到了宋代，儒家學者倡議回歸最原始的文本，而他們對於尋
求經書中的真理，也比前幾個世紀的儒者更具批判性。尋求經書中的

真理，在某種意義上，成為宋儒們的一種使命。[14]對宋人而言，中央集權、國力強盛的大唐帝國，其滅亡之景仍歷歷在目，而游牧民族也不斷地侵擾著宋代北邊的國境，再加上「域外」傳入的佛教教義持續篡奪固有儒學原有的地位，因此，建立一個以儒家為本質的強大秩序國家，是宋人全心致力的目標，而宋人也深信這些古代經書中的道理，可以成為建立這強大秩序的基礎。

宋初，士人對十三經全都做了深入的研究及注解，並特別注重最初的五經。不過到了宋代中葉，這些士人的焦點開始轉移。他們從十三經中挑選出某些典籍，即：《論語》、《孟子》（十三經中的兩部）、《大學》、《中庸》（《禮記》的兩篇），並為當時儒學圈中一羣廣大而熱衷的學者所研讀。到了宋末，這四本書被認為有其根本上的重要性；而元代在公元一三一三年，將此四書列為科舉考試的基本典籍。[15]自此而後的六百年間，此四書依然是官方科舉取士的基本典籍，直到本世紀初科舉制度廢止為止。

宋代經學的發展

自漢以後，唯有宋代某些最具影響力的思想家，能透過對儒家經典的研究發展對學問知識的關切。他門的經典研究包括對儒家某特定經典的解經和釋經之作，以及根據解讀經書之後而撰作的思想著作。因此，要瞭解宋代的思想史，就必須瞭解宋代經學發展的輪廓。

宋代在研究經書的方式上，大致有三。這三種方式，筆者暫且稱

---

14 有關這種使命感的論述，見 James T. C. Liu(劉子健) *Ou-yang Hsiu*, p. 19 與 David Nivison(倪德衛), "Introduction," in *Confucianism in Action*, ed. David Nivison and Arthur Wright, pp. 4-13。

15 見〈導論〉，註 4。

之為「批判性」（critical）、「政策性」（programmatic）和「哲學性」
（philosophical）的研究方式。至於筆者為何如此稱之，是因為目前
尚未有更貼切、更精準的用語。「批判性」的方式是試圖判斷一部經
書或其注解的真偽、作者身分或可信性。「政策性」的方式著重在研
究經書中所敘述的古代典章、制度或道德價值觀，並力主這些古代的
典章、制度和道德價值觀可適用於當今的情勢。「哲學性」的方式是
從經書中可看出經書對宇宙、天人之間關係的解釋，或是人類內在道
德來源的解釋。這三種研究方式並非互不相容——也就是說，一份研
究可以結合兩種研究方式，甚至三者兼具——因此，在這樣的情形
下，若想辨識這是屬於何種研究方法的研究，最簡便的方式，就是找
出其中最明顯採用的研究方式即可。沒有任何一種研究方式是專屬於
任何一個思想學派；反而同一思想學派的成員在研究經書時可能會採
取不同的研究方式。以下即根據這三種研究方式，大致的、初步的描
繪出宋代經學研究的梗概。

　　第一個階段始於中唐。當時的學者開始針對經書傳統的某些方面
提出質疑。[16]如劉知幾（661-721）在其所作的《史通》中質疑《春
秋》在史學上的正當性，他將《春秋》中許多的缺失都歸咎於孔
子。[17]過了半個世紀之後，啖助（725-770）和趙匡（公元8世紀）主
張讀《春秋》時，不應該盲目遵從傳統權威的三《傳》——即《左
傳》、《公羊傳》、《穀梁傳》——之中的任何一部，啖、趙的意見與當
時的學術風氣完全相反（趙匡甚至否定傳統上將左丘明認為是《左

<hr>

16 這些學者的批判精神，是源自於孟子對經書態度一個極佳的例子。孟子在《孟
　　子・盡心下》第 3 章云：「盡信書，則不如無書，吾於〈武成〉，取二三策而已
　　矣！」（英譯參見 D. C. Lau, *Mencius*, p. 194）。

17 見《史通》，卷 14，頁 3 上-6 下。有關《史通》的討論，見 E. G. Pulleyblank,
　　"Chinese Historical Criticism: Liu Chih-chi and Ssu-ma Kuang," in *Historians of China
　　and Japan*, ed. W. G. Beasley and E. G. Pulleyblank, pp. 135-166。

傳》作者的說法)。啖助和趙匡有關《春秋》的著作,一方面不為三
《傳》的內容所限,另一方面也大膽地以己見去注解經書。[18]

　　啖助和趙匡所採取的批判性研究方式,對北宋(960-1127)初年
的經學家有著極深遠的影響。如孫復、劉敞(1019-1068)、胡安國
(1074-1138)在《春秋》的研究上,摒棄過去對《春秋》的傳統注
釋,在這方面,孫、劉、胡三人是受到唐代前賢極深的影響。[19]唐代
和宋代初年的《春秋》學者在研究中展現的批判和自主精神,很快地
就擴及到其他經書的研究上;所有經書及其傳統權威的解經之作,在
作者、年代、可信度等方面,都受到嚴格的檢驗。這種以批判性方式
面對經典的態度,在時代相近的學者陸游(1125-1209)的觀察下,
正在逐漸發展。陸氏云:

> 自慶曆(1041-1048)後,諸儒發明經旨,非前人所及;然排
> 《繫辭》,毀《周禮》,疑《孟子》,譏《書》之〈胤征〉、〈顧
> 命〉,黜《詩》之序,不難於議經,況傳注乎![20]

---

18 有關啖助和趙匡對《春秋》及其傳注大致的觀點,記載於陸淳所編纂的《春秋集
　　傳纂例》卷一。啖助和趙匡的生平,以及兩人對《春秋》及其傳注的觀點和研究
　　的簡介,可參見 E. G. Pulleyblank, "Neo-Confucianism and Neo-Legalism in T'ang
　　Intellectual Life," in *Confucian Persuasion*, ed. Arthur Wright, pp. 88-91。而其他可幫
　　助我們認識啖、趙二人生平和著作的相關研究,亦可參見 Pulleyblank 文章中的註
　　41,頁 326。

19 皮錫瑞在其所著的《經學歷史》中,詳列並說明了宋代許多深受啖助及趙匡影響
　　的《春秋》研究著作。見皮錫瑞:《經學歷史》,頁 242-246(*校按:誤,應在頁
　　250-256)。亦可參見馬宗霍:《中國經學史》,頁 120-121。在宋代這些受啖、趙影
　　響的《春秋》研究著作中,孫、劉、胡三人的著作是最為人知的。

20 陸游的這段評論出現在王應麟:《困學紀聞》,卷 8,頁 22 上;引用陸游這段評論
　　的尚有皮錫瑞與屈萬里,見皮錫瑞:《經學歷史》,頁 212(*校按:誤,應在頁
　　220);屈萬里:〈宋人疑經的風氣〉,《大陸雜誌》第 29 卷第 3 期(1964 年 8 月),
　　頁 23。屈萬里並指出陸游認為這些儒家學者為何人。

從陸游的這段評論可以看出，儘管陸游明顯地不贊同當時對於經典文本的批判性態度，但他的評論可強而有力地證實批判性的研究方式，在宋初學者的經學研究中至關重要。

到了第二個階段，我們可以看到這種批判性研究方式的延續，以及政策性研究方式的發展。胡瑗、孫復二人在書院講學期間，仍然維持著第一階段對經書的批判性態度，並主張在注釋經書時，應揚棄傳統的注解。不過更重要的是，他們也開始在經書研究中發展政策性的研究方式，在經書中找到道德和政治改革的方案。他們將經書視為生活中道德的指引，而當今治國所遇到的問題，經書也被他們視為解決問題的來源，對他們而言，研讀經典並不是只有通過科舉考試而已，還有更多的意義。孫復、胡瑗後受范仲淹之薦，入京至太學講學。范仲淹也是熟讀經書的飽學之士。在范仲淹身上，我們看到宋代首次有在朝為官者，會像胡瑗與孫復一樣，強調經書對國政的重要性。[21]因此，隨著在書院講學的胡瑗和孫復，以及在朝為官的范仲淹，書院經師和政府官員開始對經書有了不同的看法；這些經書不再只是過去唐代大多數士人眼中為了應付考試而背誦的典籍而已，而是要以批判性的方式來鑽研和深思的書籍，藉此發掘經書中永恆不變的道德真理與完善健全的政治原理，並將之用於宋代。

經學發展的第三個階段，則變得更加多元化。拜宋代第二和第三代的學者所賜，經書的研究變得更具積極性和複雜性。除了批判性和政策性的研究方式之外，現在又加入了哲學性的研究方式，不過從當

---

21 有關胡瑗、孫復與范仲淹之間的關係，參見 Wm. Theodore de Bary, "A Reappraisal of Neo-Confucianism," in *Studies in Chinese Thought*, ed. Arthur Wright, pp. 88-94; James T. C. Liu, "An Early Sung Reformer: Fan Chung-yen," in *Chinese Thought and Institutions*, ed. John K. Fairbank, pp. 108-112; James T. C. Liu, *Reform in Sung China*, pp. 24-25。

時歐陽修、蘇東坡、司馬光和王安石等重要學者的許多著作看來，批
判性和政策性的研究方式顯然還是主流。從歐陽修的《易童子問》，
可以看到批判性研究方式的例子，歐陽修在書中主張《易經》的〈十
翼〉並非出自孔子筆下，甚至作者其實也非一人所作；[22]在蘇東坡的
《書傳》中，時常因《書經》中所記載的某些史實，與《史記》、《左
傳》中的不符，故對《書經》的史實正確性提出質疑。[23]至於政策性
的研究方式，最為人注目且周知的例子，莫過於王安石的《周禮新
義》。王安石在書中否定過去所有對《周禮》的注解，並提出自己對
《周禮》的新詮釋，強調《周禮》當中所述及的某些周代典章制度，
亦仍適用於今日的宋代。[24]

　　批判性和政策性的研究方式方興未艾，哲學性的研究方式也在此
同時如火如荼地發展。周敦頤（1017-1073）的《太極圖說》、《通
書》[25]與邵雍（1011-1077）的《皇極經世》[26]，皆屬此研究方式的範

---

22 《歐陽文忠公集》，卷 77（*校按：誤，應在卷 78），頁 1 上；歐陽修此論亦可見
　　於皮錫瑞：《經學歷史》，頁 216-217（*校按：誤，應在頁 224-225）。有關歐陽修
　　對儒家經典的觀點，參見 James T. C. Liu, *Ou-yang Hsiu*, pp. 85-99。

23 蘇軾在《書傳》中舉了幾個極佳的例子，批判性地質疑《書經》中史實的正確
　　性，見《書傳》，卷 6，頁 5 上-6 下與卷 17，頁 12 上-13 下；亦可見於皮錫瑞：
　　《經學歷史》，頁 219-220（*校按：誤，應在頁 227-228）。此外，屈萬里與馬宗霍
　　也舉出許多在宋代以批判性方式研究經典的例子，見屈萬里：〈宋人疑經的風
　　氣〉，頁 23-25；馬宗霍：《中國經學史》，頁 124-126。另外，諸橋轍次對宋初批判
　　性的研究精神，有著全面性的探討。見諸橋轍次：《儒學の目的と宋儒の活動》，
　　頁 512-536。

24 有關王安石《周禮新義》的探討，見 de Bary, "Reappraisal," pp. 100-102；亦參見
　　Liu, *Reform in Sung China*, pp. 30-33。

25 《太極圖說》和《通書》的全文英譯，見 W. T. Chan, *A Source Book in Chinese
　　Philosophy*, pp. 463-480；亦可參見 Fung Yu-lan（馮友蘭），*A History of Chinese
　　Philosophy*（《中國哲學史》），tr. Derk Bodde, II, pp. 435-451。

26 《皇極經世》的選文英譯，可見 Chan, *Source Book*, pp. 484-494 與 Fung, *A History
　　of Chinese Philosophy* II, pp. 454-476。

例。周書和邵書皆受到道家的影響，以道家的「圖」和／或「數」去
詮釋《易經》（而《通書》同時也是對《中庸》的詮釋），並根據其對
《易經》的詮釋，試圖解釋宇宙演變以及人在宇宙中的角色。

如此看來，第三個階段表現出來的是經學研究的成長和多元性，
即：以前那些懷有儒家正統目標，但對形上學思辨提不起興致的儒
者，開始以更具批判性的態度來檢視古代典籍，並指出可能源自於古
代典籍的典章制度和道德方略；然而，在此同時，一群為數較少的儒
者，受道家某些思想的影響，開始根據《易經》的宇宙論，對宇宙的
演變展開哲學性的思辨。

到了第四階段，哲學性的研究方式幾乎不和其他兩種方式合用。
十一世紀末和十二世紀初期，有愈來愈多人對儒家的修身產生了興
趣，在此同時，哲學性的研究也在經學的刺激之下，轉而探討人類內
在的道德來源，以及天人之間的關係。研究的對象轉為廣泛而普遍性
的人類道德，不再專注於探究史實背後所隱藏的道德觀。因此，在儒
家典籍中，《易經》和《四書》的內容正涉及了這些議題，並有了新
的重要地位。張載和二程兄弟，特別是弟弟程頤，主要是以此五部典
籍作為他們哲學發展的根基。從張載最重要的哲學著作《正蒙》[27]以
及他說解《易經》的著作《易說》中，可以看出張載發展他形而上學
中「氣」、「太虛」、「太和」的中心思想，主要是受到《易經》的啟
發，而以《中庸》次之。程頤在他頗具影響力的《易經》傳注《伊川
易傳》中，透過解讀《易經》各卦之後所附的「辭」，試圖合理地解
釋宇宙的道德秩序和人事。[28]程頤除了對《易經》有興趣之外，也對

---

[27] 陳榮捷曾英譯《正蒙》其中的兩篇，見 Chan, *Source Book*, pp. 500-514；另外《正
    蒙》部分內容的英譯，見 Fung, A *History of Chinese Philosophy* II, 478-493。

[28] 這裏根據的是程頤自己的說法，見《伊川易傳·序》，頁 3 上。這篇序文饒富興味，
    其中有幾句話可見於皮錫瑞：《經學歷史》，頁 224（*校按：誤，應在頁 232）。

《論語》、《孟子》、《大學》、《中庸》，即後來被朱熹彙為一編的《四書》非常熱衷；他要求自己的門人在讀五經之前，必須先讀此四部典籍，[29]而程頤以事物的理和性作為他哲學體系的中心思想，也是受到此四部典籍和《易經》的啟發。從《河南程氏經說》中他對此四部典籍的注解[30]，以及《河南程氏遺書》中他許多的論述[31]，我們可以知道程頤許多的學說，出現在他對此四部典籍的文本解讀中。

接著我們來談第五階段，也是最後一個階段，這個階段或許可稱之為宋代經學研究的成熟期或綜合期。這個階段最具影響力的人物是朱熹，他投注了畢生的心血去研究五經和《四書》。他在對五經所作的注解中，以批判性的研究方式質疑過去對儒家經典的許多傳統觀點。[32]例如他首先提出《儀禮》原為記載古代禮儀制度的經書，而《禮記》則是附於《儀禮》之後的傳。[33]另外，《古文尚書》歷代皆以為真，而《古文尚書》的《傳》、《序》歷代皆定為孔安國（西元前二

關於《伊川易傳》，陳榮捷表示：「（程頤）只是用這本《伊川易傳》來仔細地說明他自己的哲學，和文本往往無關，有時還有所牴觸。」見 "Chu Hsi's Completion of Neo-Confucianism," in *Etudes Song: In Memoriam Etienne Balazs*, ed. Françoise Aubin, Series II, no. 1(1973), p. 83。

29 此為朱熹言程頤之言。見《文集》，卷82，頁26上。

30 見 Ts'ai Yung-ch'un(蔡詠春), *The Philosophy of Ch'eng I*, pp. 49-55，與 A. C. Graham, *Two Chinese Philosophers: Ch'eng Ming-tao and Ch'eng Yi-ch'uan*, p. 145。兩位皆以批判性的角度討論《經說》的內容。

31 見 Ts'ai, *The Philosophy of Ch'eng I*, pp. 29-37 與 A. C. Graham, *Two Chinese Philosophers: Ch'eng Ming-tao and Ch'eng Yi-ch'uan*, pp. 141-142。兩位皆以批判性的角度討論《遺書》的內容。

32 五經之中，朱熹除了未直接對《春秋》作注之外，其餘各經，朱熹皆有注解。有關朱熹對五經研究的簡介，見武內義雄：《中國思想史》，頁 249-255 與 Chan, "Chu Hsi's Completion of Neo-Confucianism," pp. 83-84。

33 《語類》，卷 84，頁 10 下；《語類》此語陳榮捷亦有引用，見 Chan, "Chu Hsi's Completion of Neo-Confucianism," p. 84。另亦可參見《文集》，卷 14，頁 28 下；而《文集》之語亦見於皮錫瑞：《經學歷史》，頁 254（*校按：誤，應在頁 262）。

世紀）所作，但朱熹從寫作風格的角度，質疑《古文尚書》的真偽以及《古文尚書》的《傳》、《序》是否真為孔安國所作。[34]然而朱熹在五經方面的研究，遠不及他在《四書》方面的研究具有影響力。[35]事實的確如此。朱熹在成年之後，幾乎將所有的時間致力於注解和詮釋《大學》、《論語》、《孟子》、《中庸》。[36]而朱熹最著名的，也正是他這些對《四書》的哲理性詮釋。也正因為如此，朱熹從他對《四書》的解讀，發展出他對往後新儒學許多具有影響力的觀點。

　　以上是宋代經學研究發展的述要，雖然只是粗略的整理，但應該不難看出，宋代初期對五經的研究比較熱衷，而《四書》和《易經》的研究，多半是在宋代晚期。然而，有個重要的問題尚待解決：究竟是什麼因素使《四書》成為此時的顯學？這個問題的答案，有助於闡明中國宋代知識界所關注的某些問題。

　　將五經研究的興趣移轉到《四書》上最重要的原因，我們或許可從儒者對當時佛教影響中國思想的反應中看出。長久以來，佛教徒對哲理問題的關注極深，儒者在這方面不斷地受到他們的刺激與挑戰，也不得不去回應此類新型態的問題。儒者已經不能只對人與人之間的關係有興趣。對他們而言，探究人與宇宙之間的關係如果能支持和維持儒家長久以來對人類社會存在的關注，他們也必須要去探究。這使得他們在哲理的探求上，較以往更具有本體論或形上學的色彩。在此情形之下，儒釋之間實際上開展了一種緊張的對立態勢。一方面，儒者雖對佛教徒所提出的某些議題極有興趣；例如，儒者認為他們對自

---

34 《語類》，卷 78，頁 8 下起；《語類》之語亦見於 Chan, "Chu Hsi's Completion of Neo-Confucianism," p. 84。

35 此為錢穆所強調的論點。見錢穆：《朱子新學案》，冊 4，頁 180-181。

36 朱熹自公元 1163 年起持續地注解和詮釋《四書》（見《年譜》，頁 21），直到公元 1200 年辭世為止。見 Gardner, "Principle and Pedagogy," pp. 57-60。

我完善（self-perfection）的關注，與佛教徒相信一切眾生皆有一需要培養的良善佛性相似。但另一方面，儒者認為佛教太過專注於自我實現（self-realization），以致於對家庭和社會關係漠不關心，這對以家庭和社會關係為本的儒者而言，是相當難以接受的，所以佛教在這方面受到了儒者強烈地抨擊。因此，儒者雖強調著佛教教義中的某些觀念，但同時也對那些暗指他們是受到域外教義影響的說法亟欲摒斥，不容許有任何一絲這樣的意見產生。事實上，儒者如此摒斥那些暗指他們的說法，正意示著那些說法對他們所造成的衝擊有多大。因此，儒者必須要建立自己新的哲學研究基礎。為了達成此一目標，他們必須重新研讀儒家經典。在研讀的過程中，他們發現了儒家經典內有許多的原理，可以作為他們建立新的哲學研究基礎，特別是《易經》和《四書》。然而五經和《四書》的性質是不同的。五經是以史例來闡釋儒家的道德觀，以及描述一個人在某些具體、客觀的情境下該如何自持，並且規範了維繫一個秩序井然的社會所必須的禮儀行為；《四書》主要關注的是人的本性、人的道德內在根源以及人與宇宙的關係。因此當這些議題愈來愈受到宋代儒家思想家的重視，《四書》也就自然地逐漸吸引著他們，並受到他們的重視。

　　另一個使《四書》愈來愈受到重視的原因，即士大夫對北宋末年和南宋時期（1127-1279）的政局感到痛苦絕望。對那些信奉儒學的官員而言，除了面對北方長年的武力威脅之外，還有另一件更為重要的事，就是王安石企圖在政治和體制上的改革失敗（或者說被認為是失敗）。在這些情形之下，他們的無用感和無力感愈來愈強烈。他們愈來愈不認為變法可以很迅速地完成；對他們而言，宋代初年那些改革派所抱持的理想，如今已經破滅。此時，他們深信光靠體制和法制是無法使政治和社會的秩序變得更好，於是他們將關注的焦點移轉到

個人內在道德自我完善的過程。[37]他們認為若要「外在」領域的各項
政經事務能得到更好的發展，就必須要先使自我的道德修養更臻於完
善，而這是屬於「內在」的領域。因為唯有真正道德完善之人，才能
制訂完善的改革方案；也唯有真正道德完善之人，才能在社會中有效
地執行改革方案中的各項工作。因此，人性和個人道德發展的問題，
就成了極為重要的議題。如此一來，《四書》的重要性也就漸漸超越
了五經。

第三個原因是，經典的數量自漢代的五經增多至十三經，要精通
儒家的傳統已經越來越困難。此外，十三經的每一部典籍，也都有為
數可觀的注疏，然而這些注疏的內容常令人難以瞭解，也有彼此不一
致之處。在這樣的情形下，有一點我們可以確信的是，朱熹之所以於
一一九○年決定將《四書》合為一編，並將《四書》的地位置於五經
和十三經之上，主要是基於他投注了極大的心力去研究《四書》的內
容，因為朱熹和在他之前的二程兄弟，都認為儒家學說的核心思想盡
在《四書》之中。[38]然而，朱熹將《四書》合為一編的這個決定，是
想將這學術氣息過於濃厚的傳統使之簡易，並使更多的人對儒家學說
能更得其門而入。朱熹這樣的想法，可能也是受到二程兄弟的影響，
因為在朱熹之前首次表達這種想法的人，就是二程兄弟。[39]事實上，

---

37 普遍認為由於政治情勢和王安石變法的失敗，是致使對「內在」領域更具興趣的
　　原因。可參見 Thomas Metzger, *Escape from Predicament*, pp. 75-76; de Bary,
　　"Reappraisal," p. 105; Yü Ying-shih（余英時），"Some Preliminary Observations on
　　the Rise of Ch'ing Confucian Intellectualism（〈清代儒家知識主義的興起初論〉）,"
　　Tsing Hua Journal of Chinese Studies（《清華學報》）, New Series 11.1 & 2: 122
　　(December 1975)"; 錢穆，《中國近三百年學術史》，冊 1，頁 1-5。

38 有關二程兄弟與《四書》關係的討論，參見 Gardner, "Principle and Pedagogy," pp.
　　65-67。

39 讀者可參照朱熹的〈書近思錄後〉（《文集》，卷 81，頁 6 下-7 上）。他在〈書近思
　　錄後〉中表達出要盡可能地使儒學的傳統能更為初學者得其門而入的強烈慾望。

將儒家基本傳授的科目由儒家經典中文字最多的五部經書縮減為最簡短的四部典籍，這種作法完全符合朱熹整體上對學習要求的概念。在《朱子語類》的卷十與卷十一中，我們可以發現朱熹不斷重覆地表達著一個概念，這個概念就是將小量的教材一讀再讀至滾瓜爛熟的地步，遠勝於將心力分散在一批數量龐大的課本上。朱熹云：「讀書，不可貪多，且要精熟。」[40]無論朱熹將儒家基本傳授科目縮減的用意為何，這個作法對中國思想往後的發展產生了深遠的影響。事實上，錢穆（1895-）[*]已經指出，朱熹將儒家初階教育的必讀教材予以縮減，此舉對儒家思想所做的貢獻，正如同禪宗（Ch'an sect）改變了教義過多的佛教。[41]

在《四書》當中，朱熹將《大學》列為其門人在學習順序上的首部典籍。然而，在我們探究思索朱熹為何會對《大學》產生興趣之前，我們應該追溯這部典籍在公元十二世紀之前的發展情形為何。

〈書近思錄後〉的英譯可見 W. T. Chan, *Reflection on Things at Hand*, pp. 1-2。而此處所提出的論點，筆者已在拙著"Principle and Pedagogy"一文中有詳細的論述。

40　《語類》，卷 10，頁 6 下，第 4-5 行。

＊　校按：錢穆已於 1990 年於臺北逝世。

41　見錢穆：〈四部概論〉，收錄於《中國學術通義》，頁 11。

2

朱熹之前的《大學》

　　《大學》原屬《禮記》中的一篇，而《禮記》是一部有關禮儀制
度的文集，其中包含各種不同性質的文章，根據傳統的說法，《禮
記》是由西漢的戴聖（生卒年不詳，約在公元前51年前後）[1]編纂而
成。至於《禮記》中的〈大學〉篇究竟為何人所作，就如同《禮記》
中其他篇章的作者一樣，至今仍是個疑問。而〈大學〉篇確切的著成
年代，則有著各種不同的說法，大致上是介於孔子（公元前551年—
前479年）和戴聖的這段時期之中，這個問題至今仍有待考證。不過
現代的學者對〈大學〉篇的著成年代逐漸產生了共識，他們認為最早
不會早於秦代（公元前221年—前206年），最晚不會晚於漢武帝時期
（公元前140年—前87年）。[2]

1　戴聖在世的年代是根據《漢書・儒林傳》（卷 88，頁 3615）而來，文中敘述戴聖
　　參與了公元前 51 年的石渠閣經學會議。有關石渠閣會議的情形，可參見 Tjan
　　Tjoe Som (曾珠森), *Po Hu T'ung* I, 91-94。

2　關於〈大學〉篇的作者身分和著成年代，相關的文章和看法甚夥，因此無法在此
　　完整列出。而現代學者將歷史上和現代上有關這些問題的不同看法加以概述和介
　　紹的研究包括：高明：〈大學辨〉，收錄於《禮學新探》，特別是在頁 100-107；趙
　　澤厚：《大學研究》，頁 1-74、94-95；武內義雄：〈大學篇成立年代攷〉，收錄於
　　《老子原始》，頁 265-272；赤塚忠：《大學中庸》，頁 25-28；山下龍二：《大學中
　　庸》，頁 15-17；馮友蘭：〈大學為荀學說〉，燕京學報》第 7 期（1930 年），頁
　　1319-1326；戴君仁：〈荀子與大學中庸〉，《孔孟學報》第 15 期（1968 年），頁
　　91-103；徐復觀：《中國人性論史》，頁 266-273；錢穆：〈四部概論〉，頁 10。
　　　　另外，下列關於《大學》文本史的整體性研究，對筆者準備寫作本章的內
　　容，有著極大的助益：赤塚忠：《大學中庸》；山下龍二：《大學中庸》；麓保孝：

　　在公元九世紀之前，〈大學〉篇並未受到太大的重視。事實上，
宋代以前各部正史中所記載的文獻資料，從未出現過有關〈大學〉篇
研究的記載。然而，東漢的鄭玄確曾為整部的《禮記》作注，名為
《禮記注》，並成為解釋《禮記》時的標準。唐貞觀年間（627-
649），孔穎達（574-648）和當時其他著名的學者奉唐太宗之命，要
將當時經學研究的亂象加以整頓，因為當時五經各有為數可觀的經
解，孔穎達要做的就是負責將這些極為龐雜的經解全數閱畢後，將各
經的注解予以統一。接著，孔穎達又將各經統一過後的注解彙為一
編，名為《五經正義》。[3]在《禮記正義》部分，孔穎達以鄭玄的注為
標準，並據六朝和隋代學者的觀點作疏，特別是皇侃（488-545）和
熊安生（578年卒）的觀點。[4]無論是《禮記注》還是《禮記正義》，
自然都會有對〈大學〉篇的注釋和評注，但其重要性不如《禮記》中
其他的篇章。

　　到了中唐時期，〈大學〉篇開始得到學者的重視並深入瞭解其重
要性。[5]在當時為了改革文學而出現的古文運動中，最為人熟知且具

　　〈大學を中心としたる宋代儒學〉，《支那學研究》第 3 卷（1949 年），頁 269-
　　309；戶田豐三郎：〈宋代における大學篇表章の始末〉，《東方學》第 21 輯（1961
　　年），頁 46-56。

3　有關孔穎達對五經所做之事的敘述，見《舊唐書・儒學傳》，卷 189 上，頁
　　4941；另外，諸橋轍次也引用了《舊唐書・儒學傳》的這段敘述，見諸橋轍次：
　　《經學研究序說》，頁 63-64。此外，長澤規矩也也有一個關於《五經正義》極具興
　　味的討論，見長澤規矩也：《支那學術文藝史》，頁 145-149。

4　兼具鄭玄注和孔穎達疏的《禮記正義》標準本，我們可以在公元 1815 年阮元
　　（1764-1849）主持編刻的《十三經注疏》中看到。

5　如杜維明所言，「在唐代，儒學的研究是在朝廷的支持下進行，而在禮學研究的影
　　響下，必定會帶動研究《禮記》的風潮，尤其是《禮記》當中的〈大學〉和〈中
　　庸〉，因為這兩篇文章全面地反映了儒家的處世之道，其意義是至為重大的。」見
　　Tu, "The Great Learning in Neo-Confucian Thought"（此篇論文發表於 1976 年 3 月
　　19 日在多倫多舉行的亞洲研究學會年會），p. 1。有關禮在唐代研究盛行的程度，

有重要代表性的人物韓愈（768-824）[6]，是第一位極力推崇〈大學〉篇的人。自漢代滅亡以來，佛教和盛行的黃老思想一直支配著中國人的知識和精神生活，韓愈在這樣的情形下，窮盡畢生之力一再地主張「非正統」的佛教和黃老思想學說，是比不上「正統」的儒道的。這一點韓愈非常清楚地表達在他著名的文章〈原道〉中。[7]他在文中公開抨擊佛教和道家的學說，因為他認為佛教和道家的本質是以自我為中心，也就是說佛教和道家百分之百強調自身的救贖，以致於完全忽略家庭及社會。面對這兩種學說的盛行，韓愈以堅決的態度捍衛著儒學，並擁護儒學傳統的方向目標，即齊家和治世。不過他同時又亟欲證明，儒學就如同佛教和道家一樣重視修身，也能提供一般人認為只有後兩者才供應的那種精神滋養。事實上，依照儒家思想，在治世之前，絕對必須先修身。韓愈就是在這樣的背景下，第一次引用了現在〈大學〉篇中非常為人熟知的一段話：

> 「古之欲明明德於天下者，先治其國；欲治其國者，先齊其家；欲齊其家者，先修其身；欲修其身者，先正其心；欲正其心者，先誠其意。」[8]

接著他又說：

參見本田成之著、江俠菴譯：《經學史論》，頁 276。

6　有關韓愈的討論，見 Fung Yu-lan, *History* II, 408-413 與 de Bary, "Reappraisal," pp. 83-88。

7　《朱文公校昌黎先生文集》，卷 11，頁 1 上-4 下；〈原道〉部分內容的英譯，見 W. T. Chan, *Source Book*, pp. 454-456 與 de Bary, ed., *Sources of Chinese Tradition* I, 376-379。

　　另外，島田虔次探討了〈原道〉在唐宋思想史上的重要意義。見島田虔次：《朱子學と陽明學》，頁 17-26。

8　《昌黎先生文集》，卷 11，頁 3 上，第 1-3 行。

> 然則古之所謂正心而誠意者，將以有為也。今也欲治其心，而
> 外天下國家，滅其天常；子焉而不父其父，臣焉而不君其君，
> 民焉而不事其事。[9]

韓愈獨具慧眼地從這部儒家聖典內先前從未受到重視的〈大學〉篇中，注意到〈大學〉篇所內含的觀念，關係到他論證佛、道二家是「非正統」學說的主張，並且也關係到當時思想界的某些議題，尤其是在自我實現的方面。他很有技巧地運用了〈大學〉篇裏的這一段話，表達出作為儒家對於當時盛行的道家學說，特別是對佛教信仰的挑戰。

在韓愈之後，韓愈的弟子兼友人李翱（約844年卒）[10]接著將〈大學〉篇的內容引用在他的文章中。由於此時的〈大學〉篇似乎普遍地不被士人階級重視，令我們不禁認為李翱之所以能精熟於《禮記》的這篇文章，是因為李翱和韓愈彼此熟識的關係。他在自己所著〈復性書〉[11]中，引用了〈大學〉篇的內容。在這篇文章裏，李翱大量地引用了儒家的經典，尤其是《易經》、〈大學〉篇和〈中庸〉篇（《禮記》中的另外一篇），針對當時思想上亟待解決的問題，提出了儒家的答案，或至少有部分是儒家的說法。[12]〈復性書〉分為上、中、下

---

9 同上註，卷11，頁3上，第3-5行；亦可見 Chan, *Source Book*, p. 455（筆者此處的英譯是據陳榮捷的英譯修改而成）。

10 有關李翱的論述，可參見 Fung, *History* II, 413-422。有關他與韓愈之間的關係，參見 Fung, *History* II, 413。至於李翱的生卒年，《舊唐書》記載他卒於「會昌（841-846）中」。見《舊唐書》，卷160，頁4209。

11 《李文公集》，卷2，頁5上-13下；〈復性書〉部分內容的英譯，見 Chan, *Source Book*, pp. 456-459 與 Fung, *History* II, 413-421。

12 戶田豐三郎曾列出李翱在〈復性書〉中引用儒家各部經典的條數。據他統計，李翱引用《詩經》一條，《禮記》三條，《左傳》二條，《易經》十九條，《中庸》十五條，《論語》、《孟子》、《大學》合計二十一條。見戶田豐三郎：〈宋代における

三篇，即：（1）討論「性」和「情」，文中表達「性」原本是善良而純潔的，「情」則是往往使「性」不得彰顯的邪妄；（2）解釋如何回復本善之性的修身過程；（3）簡明扼要地陳述自我的努力在修身過程中的作用。[13]

在〈復性書〉的中篇之中，我們看到李翱引用了〈大學〉篇的內容。他在中篇解釋心的原始狀態是「本無有思，動靜皆離」。[14]事實上，李翱認為修身過程的目的就是要回到這樣的狀態。然而，此時有人問道：

> 本無有思，動靜皆離。然則聲之來也，其不聞乎？物之形也，其不見乎？[15]

該如何解釋時，李翱的回答是：

> 不睹不聞，是非人也，視聽昭昭而不起於見聞者，斯可矣。無不知也，無弗為也。其心寂然，光照天地，是誠之明也。〈大學〉曰：「致知在格物。」[16]

接著，有人又問他〈大學〉「致知在格物」這句話的意義為何時，他解釋說：

> 物者，萬物也。格者，來也，至也。物至之時，其心昭昭然明

大學篇表章の始末〉，頁 50。

13 參照 Fung, *History* II, 414。

14 《李文公集》，卷 2，頁 8 下；「本無有思，動靜皆離」兩句的英譯可參見 Fung, *History* II, 420（筆者此處的英譯是據馮友蘭的英譯略作修改而成）。

15 《李文公集》，卷 2，頁 9 上；此引文的英譯可參見 Fung, *History* II, 420（筆者此處的英譯是據馮友蘭的英譯修改而成）。

16 《李文公集》，卷 2，頁 9 上；此引文的英譯可參見 Fung, *History* II, 420-421（筆者此處的英譯是據馮友蘭的英譯修改而成）。

辨焉而不應於物者，是致知也，是知之至也。[17]

做完這番解釋之後，李翱馬上用了一段相似於〈大學〉篇中一段為人熟知的話，緊接在上述的引文之後，而這段話與韓愈在〈原道〉中所引用的〈大學〉篇之語，有著極高度密切的關係。李翱曰：

知至故意誠，意誠故心正，心正故身修，身修而家齊，家齊而國理，國理而天下平。[18]

接著，他在這段話之後，以「此所以能參天地者也」這句話作為總結，他認為只要能遵照「知至故意誠，意誠故心正，心正故身修，身修而家齊，家齊而國理，國理而天下平」的過程，便可達到「此所以能參天地者也」的境界。[19]

然而，李翱心中這套修身的過程，無疑地暗含著佛教的色彩。一個人雖致力修身，然其成功的關鍵，端賴自己是否能保有寂然不動或無欲無念之心，這點如同佛家在其修身過程中所強調的觀念。但李翱和佛家觀念在根本上最大的不同，在於文章中李翱明確地關切修身一旦完成之後，接著便要治世。因此，〈大學〉篇的這段話與李翱這篇文章的中心思想不謀而合。因為李翱一方面在文章中強調著〈大學〉篇中所強調的自我完善過程的重要性，即便他的解釋暗含著佛家的觀念，另一方面他也在文章中強調著〈大學〉篇中所強調的治世的重要性，提醒讀者注意到他身為傳統儒者的責任。另外還有非常重要的一點，李翱在文章中將「致知在格物」這句話拿出來討論。在〈原道〉

---

17 《李文公集》，卷2，頁9上；此引文的英譯可參見 Fung, *History* II, 421（筆者此處的英譯是據馮友蘭的英譯修改而成）。

18 《李文公集》，卷2，頁9上-下。

19 同上註，卷2，頁9下。

中，韓愈忽略了〈大學〉篇所謂「八目」（eight steps）中最初的這兩個步驟。然而，繼李翱之後，這句話成為新儒學各學派持續關注的核心議題。

宋代對〈大學〉篇的興趣大增。事實上，〈大學〉篇甚至還得到了皇帝的某種支持。因為在天聖年間（1023-1032），仁宗皇帝開始賜〈大學〉篇給及第的進士。在《玉海》中[20]，王應麟（1223-1296）收錄了一篇〈天聖賜進士〈大學〉篇〉，文章一開始便記載著：

> 天聖八年四月丙戌（1030 年 5 月 8 日），賜進士王拱辰宴于瓊林苑[21]，遣中使賜御詩與〈大學〉篇各一軸。自後登第者，必賜〈儒行〉或〈中庸〉、〈大學〉篇。[22]

我們亦可從它書的記載中，加以證實這段話，如《宋會要輯稿》：[23]

> 仁宗天聖……八年四月……四日（1030 年 5 月 8 日）賜新及第進士〈大學〉一篇，自後與〈中庸〉間賜，著為例。[24]

由上述引文，我們可以合理地假設，宋初的士人已對〈大學〉篇非常

---

20 有關《玉海》的介紹，見 Teng and Biggerstaff, pp. 92-93。

21 瓊林苑是皇家的園林，位於開封城西，建於宋乾德二年（964）。皇帝於殿試之後，會在此設宴款待新科進士。

22 《玉海》，卷 34，頁 3 下；另外，〈天聖賜進士〈大學〉篇〉也記載了皇帝分別在公元 1038 年 6 月 3 日（*校按：寶元元年四月甲午）、公元 1046 年 6 月 4 日（*校按：慶曆六年四月丁丑）、公元 1061 年 5 月 16 日（*校按：嘉祐六年四月丁丑）賜〈大學〉篇給及第進士，見《玉海》卷 34，頁 3 下-4 上。

23 有關《宋會要輯稿》的簡介，見 Teng and Biggerstaff, pp. 117-118。

24 《宋會要輯稿》，卷 5696，頁 6-7（*校按：誤，應在頁 9-10）（總頁 4248）。另外，高承（宋元豐年間〔1078-1085〕人）的《事物紀原集類》，也記載了相同的資料，見《事物紀原集類》，頁 249。有關《事物紀原集類》的簡介，見 Teng and Biggerstaff, pp. 102-103。

精熟，並由其中某位士大夫將〈大學〉篇帶上朝而引到了皇帝的重
視。可惜的是，當時相關的資料並未留下這個人或這些人的姓名，不
然我們可以知道是誰使皇帝對〈大學〉篇表示贊同認可。即便如此，
有一點是無庸置疑的，即仁宗對〈大學〉篇的推崇，使士大夫階級中
有比過去更多的人去研讀〈大學〉篇。

另外，〈大學〉篇在當時愈來愈盛行，這點我們可由當時士人許
多的文章及奏議中獲得證實。特別是從神宗在位期間（1068-1085）
到哲宗在位期間（1086-1100）之初，如曾鞏（1019-1083）、司馬光、
呂公著（1018-1089）和范祖禹（1041-1098）等人的著作，都大量地
引述〈大學〉篇。[25]這些人在著作中論述「大學」之道即為古人之
道，勸誡在上位者要以〈大學〉篇及其內容中的訓誡，作為本身學習
和行動的根本。

大約就在這段時間，司馬光將〈大學〉篇和〈中庸〉篇從《禮
記》中獨立出來，並為之注釋，以《中庸大學廣義》之名單獨流傳於
《禮記》之外。司馬光精熟於〈大學〉篇，並決定為之作注，無疑是
由於仁宗賜贈新科進士〈大學〉篇的政策使然；司馬光於一○三八年
中進士，而這一年仁宗皇帝亦賜贈〈大學〉篇給所有及第進士。[26]可
惜的是《中庸大學廣義》已經亡佚，因此我們無從確知這是屬於何種
類型的注解。[27]

---

25 麓保孝曾列出這些人引用〈大學〉篇的奏議和文章為何，見麓保孝：〈大學を中心
としたる宋代儒學〉，頁 272-275。亦可參見赤塚忠：《大學中庸》，頁 9。

26 見註 22。

27 宋陳振孫《直齋書錄解題》、《宋史‧藝文志》皆記載了《中庸大學廣義》這本
書，見《直齋書錄解題》，頁 45；《宋史》，卷 202，頁 14 上，第 8-9 行。朱彝尊
（1629-1709）在他所著的《經義考》中表示他「未見」此書，見《經義考》，卷
156，頁 1 上。有關《經義考》的簡介，見 Teng and Biggerstaff, pp. 41-42。另外，
於 1782 年纂修完成的《四庫全書總目》，也完全沒有此書的記載。最後一部確切

　　然而，我們在司馬光的文集中，可以看到他一篇作於一〇八三年名為〈致知在格物論〉的文章，他在文中簡要地闡釋了「致知在格物」這句過去由李翱所提出討論的話。[28]司馬光〈致知在格物論〉篇首即云：

> 人情莫不好善而惡惡，慕是而羞非。然善且是者蓋寡，惡且非者實多。何哉？皆物誘之也，物迫之也。[29]

司馬光接著論述人如何受到外在的刺激而激起內在的慾望，以及人在面對這種外在刺激之時，又該如何修身自持及忠於本性。司馬光云：

> 依仁以為宅，遵義以為路。誠意以行之，正心以處之，修身以帥之，則天下國家何為而不治哉？〈大學〉曰：「致知在格物。」格，猶扞也，禦也。能扞禦外物，然後能知至道矣。鄭氏以格為來，或者猶未盡古人之意乎！[30]

我們看看漢代鄭玄對「致知在格物」的解釋為何。鄭玄云：

> 格，來也；物，猶事也。其知於善深，則來善物；其知於惡深，則來惡物。言事緣人所好來也。[31]

記載此書的書目，如同《經義考》和麓保孝所指出的，為明末陳第（1541-1617）編纂的《世善堂藏書目錄》，見《經義考》，卷 156，頁 1 上；麓保孝：〈大學を中心としたる宋代儒學〉，頁 276。《世善堂藏書目錄》中明確地記載了司馬光「《大學廣義》，一卷」，見《世善堂藏書目錄》，頁 8（《中庸廣義》亦有記載，見《世善堂藏書目錄》，頁 9）。因此我們可以認定，《大學廣義》到了明末仍然存在，但在清代中葉編纂《四庫全書》以前的某個時候，此書便已亡佚。

28 《溫國文正司馬公文集》，卷 71，頁 10 上-11 上。

29 同上註，卷 71，頁 10 上。

30 同上註，卷 71，頁 11 上。

31 《禮記注疏》，卷 60，頁 1 下；此引文的英譯可參照 D. C. Lau, "A Note on Ke Wu,"

因此，「格」字原先由鄭玄訓為「來」義。到了李翱，他雖沿用鄭玄
「格」字的訓詁字義（philological explanation），但他將「致知在格
物」解釋為「物至之時，其心昭昭然明辨焉」，與鄭玄對這句話的解
釋截然不同。到了司馬光，他有史以來首次地將「格」字的解釋由
「來」修正為「扞也，禦也」，與鄭玄、李翱的解釋不同。但他對
「致知在格物」這句話整體上的理解，至少就「人不應為外物所惑」
這一大方向而言，是與李翱相似的。[32]

　　因此，司馬光在〈大學〉篇的發展歷史上，有二方面的貢獻。首
先，他首開以《大學》為單一著作、單獨為之注解的傳統。其次，他
繼承李翱的做法，將「致知在格物」這句話提升到《大學》中最重要
的地位。

　　到了公元十一世紀中期，《大學》已完全獨立於《禮記》之外，
成為單獨的一部著作，這點我們可從張載的論述中得到證實：

> 學者信書，且須信《論語》、《孟子》、《詩》、《書》，無舛雜理。
> 雖雜出諸儒，亦若無害義處。如《中庸》、《大學》出於聖門，
> 無可疑者。[33]

很顯然地，張載認為《大學》不再只是《禮記》中的一篇，因為《大
學》已經和儒家傳統中最重要的著作相提並論。另外，我們可以看到
在張載的文集中，有某些地方的確引用了《大學》的內容。[34]不過儘

Bulletin of the School of Oriental and African Studies 30:353 (1967)。

32 山下龍二曾將這幾位對「致知在格物」的解釋，簡要地比較了其不同之處。見山
　　下龍二：《大學中庸》，頁 23。

33 《張子全書》，頁 110；麓保孝〈大學を中心としたる宋代儒學〉亦引用張載這段
　　話，見該文頁 276。

34 有關張載文集中引用《大學》內容之處，參見麓保孝：〈大學を中心としたる宋代
　　儒學〉，頁 276-277。

管張載肯定《大學》有其重要性，但他卻沒有在《大學》相關理念的
注解上做出太大的貢獻。

在張載之後，對《大學》有極大貢獻的是河南二程兄弟，也就是
程顥、程頤。因為在朱熹之前，沒有人比他們更加努力地增進《大
學》的地位，也沒有人像他們一樣將《大學》注解為一部系統性的著
作。[35]我們可由弟弟程頤為程顥所作的行狀看出，程顥教授門人「自
致知至於知止，誠意至於平天下」[36]，這些觀念全都是出自《大學》。
此外，我們也可在《程氏遺書》中，清楚地看到程顥對《大學》是極
為看重的。程顥云：「《大學》乃孔氏遺書，須從此學則不差。」[37]至
於程頤心中對《大學》的評價，也抱著和程顥同樣強烈的觀點。程頤
云：「入德之門，無如《大學》。今之學者，賴有此一篇書存。其他莫
如《論》、《孟》。」[38]此外，程頤還以更強調的語氣說：「修身當學
《大學》之序。《大學》，聖人之完書也。」[39]因此，在二程兄弟的觀
點之下，對所有追求自我完善的人而言，《大學》成為他們必讀的
書；也正因為如此，《大學》成為新儒學學者在教授門人時的基本科
目。

另外，二程兄弟皆將《大學》原先在《禮記》中的文本順序，重
新加以編排，其目的是為了使《大學》的文本更有系統，使門人在閱

---

35 赤塚忠、麓保孝、山下龍二皆曾簡要地論述了有關二程兄弟對《大學》的貢獻。
　　見赤塚忠：《大學中庸》，頁 10；麓保孝：〈大學を中心としたる宋代儒學〉，頁
　　277-278；山下龍二：《大學中庸》，頁 23-30。

36 《伊川先生文集・明道先生行狀》，卷 7，頁 6 下。此處單引號中的詞語皆出自《大
　　學》。

37 《河南程氏遺書》，頁 18。

38 同上註，頁 303。

39 同註 37，頁 341。

讀時更能瞭解《大學》之意。[40]他們認為原先書寫《大學》的竹簡，
其順序在流傳的過程中產生了錯簡的情形，因此戴聖編訂的《禮
記》，其中〈大學〉篇的文本順序實際上已非聖人心中原先所排定的
順序。[41]因此，二程兄弟各自地將《大學》的內容重新編排，而經由
他們改訂後的《大學》，對朱熹而言，具有莫大的重要性。因為朱熹
在編注《大學章句》時，大量地引用了他們的《大學》改本[42]，而
《大學章句》也成為後世學者研讀《大學》時的標準。

雖然程顥和程頤未以傳統的逐行注解方式為《大學》作注，但我
們可從《河南程氏遺書》和《河南程氏外書》中很多地方見到他們對
《大學》的見解。在《遺書》和《外書》中，特別值得注意的是二人
對致知和格物的討論和關注。比較起來，程顥在二書中論及致知和格
物的篇幅較少，而程頤則將致知和格物作為自己整體思想的核心。據
程頤之說，天地間存在著一至高無上的「理」（principle）。天地間每
一事物皆具此理，也就是說，天地間每一事物皆是理的具體呈現：

---

40 程顥的《大學》改本，名為《明道先生改正大學》。見《河南程氏經說》，卷 5，頁
　1 上-3 上。而程頤的《大學》改本，名為《伊川先生改正大學》。見《河南程氏經
　說》，卷 5，頁 3 上-5 下。

41 《遺書》，頁 341。亦可參見朱熹在〈大學章句序〉中論述。見〈大學章句序〉，頁
　2 下（此〈序〉見於《四部備要》本之《大學》本文之前，見本書頁 115）；朱熹
　此論的英譯見本書頁 84。

42 程顥和程頤各自的《大學》改本，在內容上有著極大的差異；事實上，朱熹在
　《大學章句》的引用上，似乎是以程頤的版本為主。另外，山下龍二、趙澤厚曾
　比較過《大學》各種改本的差異。見山下龍二：《大學中庸》，頁 23-30；趙澤厚：
　《大學研究》，頁 76-88（＊校按：作者引據二人之書的頁碼範圍，其內容實際上比
　較的是程顥、程頤、朱熹三人之《大學》改本的差異）。此外，朱熹在《大學章
　句》與〈記大學後〉中表明他的《大學章句》實受益於程頤的《大學》改本。見
　《大學章句》，頁 2 下（朱熹原文見本書頁 120，英譯見本書頁 89）；《文集‧記大
　學後》，卷 81，頁 9 下（朱熹原文見本書頁 140，英譯見本書頁 108-109）。

天下物皆可以理照,「有物必有則,」一物須有一理。[43]

另外,程頤認為一個人可藉由格物而明理:

致知在格物。格,至也;物,事也。事皆有理,至其理乃格物
也。[44]

至於「致事物之理」的方式,程頤認為可以有各種不同的途徑:

或讀書,講明義理;或論古今人物,別其是非;或應接事物而
處其當。皆窮理也。[45]

即使從這簡短的引文中,我們也可以看出在程頤的思想中,格物的目
的不是為了學問而累積知識。在這裏,程頤重視的不是廣博的知識。
程頤主要關注的,是要去認識與人事方面相關的道德之理(moral
principles);因此,他最重視的是人類道德中所呈現出來的理。所
以,「致事物之理」的目的,即是要發展個人的道德。[46]程頤云:

或問:「進修之術何先?」曰:「莫先於正心誠意。誠意在致

---

43 《遺書》,頁 214;此引文的英譯可參照 Graham, p. 17 與 Chan, "The Evolution of
the Neo-Confucian Concept *Li* as Principle" in *Neo-Confucianism, Etc*., p. 73. 引文中
引號內的文句出自《詩·烝民》第 2 章(*校按:誤,應在第 1 章),亦可見於
《孟子》,卷 6 上,第 6 章。另外,程頤在《遺書》中也有「萬理歸於一理」的說
法,見《遺書》,頁 216。「萬理歸於一理」句的英譯可參照 Graham, p. 11。

44 《外書》,卷 2,頁 4 上;此引文英譯可參見 Graham, p. 74(筆者此處的英譯是據
Graham 的英譯修改而成)。

45 《遺書》,頁 209;此引文的英譯可參見 Chan, *Source Book*, p. 561(筆者此處的英
譯是據陳榮捷的英譯修改而成)。亦可參照 Graham 與 Bodde 的英譯。見 Graham, p.
76; Fung, *History* II, 529。

46 此論點可參見 Graham 的論述。見 Graham, pp. 79-80。

知，『致知在格物』。[47]格，至也，如『祖考來格』[48]之格。凡一物上有一理，須是窮致其理。」[49]

程頤這種對「致知在格物」帶有整體性意味的解釋，也為之後的朱熹所用；而這句話和出現這句話的《大學》文本，也藉由程頤對「致知在格物」的解釋，成為新儒學思想傳統上極為重要的討論議題。

現在留待朱熹去做的，即是要將《大學》的文本標準化，補傳一章，同時逐行逐句地將《大學》作系統性的注解，並更充分地發展《大學》對新儒學思想的哲學意涵。

---

47 引號裏的文字出自《大學》，〈經〉，第 4 節。

48 「祖考來格」語出《尚書》，卷 5，頁 14 下；「祖考來格」的英譯可參照 James Legge(理雅各), *The Chinese Classics* III, 87。

49 《遺書》，頁 209；此引文的英譯可參照 Chan, *Source Book*, pp. 560-561 與 Graham, p. 76。

3

朱熹的《大學》研究

　　公元一一八九年，高齡六十[1]的朱熹為其所著的《大學章句》和《中庸章句》分別撰寫了序文，名為〈大學章句序〉和〈中庸章句序〉。從王懋竑（1668-1741）於清初所著的《朱子年譜》[2]中，我們得知朱熹為這兩部著作費盡多年心力，並在寫定之後添上這兩篇序文：

> 二書定著已久，猶時加竄改不輟。至是以穩洽於心而始序之。又各著《或問》[3]。

朱熹對《大學》產生濃厚的興趣，是在他撰成這兩篇序文的二十七年前，也就是公元一一六二年孝宗即位之時，這點我們可從相關的文獻中獲得證明。文獻中記載著孝宗即位之初，便廣邀學者及官員進奏直言。[4]時年三十三歲的朱熹，即以封事[5]進奏孝宗，而這篇封事也是他

1　在本書中，年齡皆以中國人觀念中的「虛歲」表示；「虛歲」減一即是西方人慣用的實際年齡記法。

2　有關《朱子年譜》，參見本書〈導論〉註3。

3　《年譜》，頁 168。朱熹為《四書》各別寫了一部《或問》，統稱為《四書或問》；有關《或問》的介紹，參見本書頁58-59。

4　事實上，有相關的文獻可以證實朱熹在此之前就已對《大學》相當精熟。根據《年譜》的記載，朱熹是在十一歲（1140）時由他的父親朱松（1097-1143）啟蒙誦讀《大學》。見《年譜》，頁 3（朱松生平傳略及其生平相關的傳記資料目錄，見《宋人傳記資料索引》，頁 569-570）。
　　另外，朱熹在公元 1156 年任福建同安主簿時云：學始乎知，惟格物足以致知，知之至則意誠心正，而《大學》之序推而達之無難矣。（《文集》，卷 77，頁 4 下-5

生平第一次進奏。在這篇封事中，朱熹強調《大學》中的某些觀念，對統治者在修身和治國方面是相當重要的。朱熹云：

> 是以古者聖帝明王之學，必將格物致知，以極夫事物之變，使事物之過乎前者，義理所存，纖微畢照，瞭然乎心目之間，不容毫髮之隱，則自然意誠心正；[6]而所以應天下之務者，若數一二、辨黑白矣。……。蓋致知格物者，堯、舜所謂「精一」也；正心誠意者，堯、舜所謂「執中」也。[7]自古聖人口授心傳而見於行事者，惟此而已。至於孔子，集厥大成，然進而不得其位以施之天下，故退而筆之，以為六經，以示後世之為天下國家者。於其閒語其本末、終始、先後之序尤詳且明者，則今見於戴氏之《記》，所謂〈大學〉篇者是也。故承議郎程顥與其弟崇政殿說書頤，近世大儒，實得孔、孟以來不傳之學，皆以為此篇乃孔氏遺書，學者所當先務，誠至論也。臣愚伏願陛下捐去舊習無用浮華之文，攘斥似是而非邪詖之說，少留聖意於此遺經，延訪真儒深明厥旨者，置諸左右，以備顧問。[8]

上）

　　然而從上述《年譜》中的記載或《文集》中朱熹對《大學》的論述，我們可以看到此時的朱熹尚未對《大學》產生特別濃厚的興趣。

5　《年譜》，頁 18-19。Schirokauer 也有論及此篇封事。見 Schirokauer, "Chu Hsi's Political Career: A Study in Ambivalence," p.166。

6　《文集》，卷 11，頁 3 上-下。此處所見的「格物」、「致知」、「誠意」、「正心」，皆為《大學》文本中的重要詞彙。

7　「精一」與「執中」之語皆出自《尚書》，卷 4，頁 8 下（*校按：《尚書》之語原作「惟精惟一，允執厥中。」）；筆者於此二語遵循理雅各（James Legge）的英譯，然而朱熹此處的用法是精簡了《尚書》之語，因此筆者將理雅各對此二語的英譯略作變化，以符合朱熹對此二語所做的修改。理雅各對此二語的英譯見 *Chinese Classics* III, 61-62。

8　《文集》，卷 11，頁 3 上-4 下。

這段話是朱熹生平首次對《大學》相關歷史的說明；由此我們可以清楚地看出朱熹早年就已經對《大學》極為重視。

次年，三十四歲的朱熹奉召前往當時的臨時國都臨安（即今日的杭州）謁見皇帝。當時他上了三篇奏劄，其中有一篇的內容是接續著前篇封事的主旨：[9]

> 臣聞大學之道，「自天子以至於庶人，壹是皆以脩身為本」。[10] 而家之所以齊，國之所以治，天下之所以平，莫不由是出焉。[11] 然身不可以徒脩也，深探其本，則在乎格物以致其知而已。[12] 夫格物者，窮理之謂也。[13] 蓋有是物，必有是理。然理無形而難知，物有跡而易睹，故因是物以求之，使是理瞭然心目之間而無毫髮之差，則應乎事者自無毫髮之繆。是以意誠、心正而身脩，至於家之齊、國之治、天下之平，亦舉而措之耳。此所謂大學之道，雖古之大聖人生而知之，亦未有不學乎此者。堯、舜相授，所謂「惟精惟一，允執厥中」[14] 者此也。自是以來，累聖相傳，以有天下。至於孔子，不得其位而筆之於書，以示後世之為天下國家者。其門人弟子又相與傳述而推明之，其亦可謂詳矣。而自秦、漢以來，此學絕講。[15]

9　《年譜》，頁 19-20。Schirokauer 曾略述這三篇作於公元 1163 年的奏劄內容。見 Schirokauer, pp. 166-167。

10　此句出自《大學》，〈經〉，第 6 節。

11　「家齊」、「國治」、「天下平」皆為《大學》中的重要詞彙。

12　此篇奏劄至此句為止所表達的觀點，皆直接出自《大學》，〈經〉，第 4 至第 5 節。

13　這個對格物的定義，是由程頤首先提出的；參見《河南程氏遺書》，頁 347、頁 209。

14　此二語完整地引自《尚書》，卷 4，頁 8 下；亦可見於 Legge, *Chinese Classics* III, 61-62。

15　《文集》，卷 13，頁 1 上-下。

一如前篇封事，朱熹在此篇奏劄中也略述了《大學》文本相關的歷史。他在此文中主張孔子在《大學》中所述的「大學之道」，一直是古代清平治世的聖王在學習上的根本。不過自秦代以降，此「道」一直不被人重視。朱熹在這些呈給皇帝的奏劄中，清楚地表達了他的寓意，即：統治者只要重新依循著這個「道」，並以此為本學習，如此便可成為一位真正的聖王，並使天下太平。

三十一年後，也就是公元一一九四年，朱熹在江南路玉山縣講學[16]，仍繼續強調著「大學之道」在古人的教育中，是極其重要的。朱熹云：

> 蓋聞古之學者為己，今之學者為人。故聖賢教人為學，非是使人綴緝言語，造作文辭，但為科名爵祿之計。[17]須是格物、致知、誠意、正心、修身而推之，以至於齊家、治國，可以平治天下，方是正當學問。[18]

朱熹的這段話是告誡學者要依循「大學之道」，而非告誡皇帝。在古代，學者和聖王一樣，都是依循著此「道」而行，因此開創了清平治世；無疑地，朱熹此段話的寓意是要宋代的學者和國君一以《大學》為準而行，如此便能在中國歷史上開創另一個太平盛世。

因此，我們可以清楚地看到，朱熹早在公元一一六二年起即對《大學》有許多見解。然而，我們無法確知朱熹是何時開始為《大學》作釋義及注解的工作。不過，朱熹曾在公元一一六七年寫給其年

---

16 公元 1194 年 12 月，朱熹至玉山的縣學講學；玉山邑宰司馬邁在朱熹講學結束之後，將朱熹重要的講學內容刻為講義，以傳於世。見《年譜》，頁 213。白壽彝亦曾引用《年譜》此條的記載，見白壽彝：《從政及講學中的朱熹》，頁 37。

17 此風盛極於朱熹所處的時代，故朱熹以此發為議論。

18 〈玉山講義〉，見《文集》，卷 74，頁 19 下。

輕門人許順之（公元12世紀時人）[19]的信中[20]，有這樣的說法。朱熹云：

> 《大學》之說，近日多所更定，舊說極陋處不少。大抵本領不是，只管妄作，自悮悮人，深為可懼耳。[21]

由朱熹的這段話可以看出，他在公元一一六七年前有一段時期，便不斷地將他對《大學》的見解寫下來。這些見解儘管可能只是他為了講學之用而寫在《大學》文本上的札記，然而這些文字可能已經流傳開來。至於這些文字是否為構成《章句》最原始的底稿，至今仍有待釐清。

不過，我們可以確知在公元一一七四年，時年四十五歲的朱熹已經完成或近乎完成了一部《大學章句》稿，並將此稿分送給自己信任的友人，希望他們能提供建言，作為自己未來修訂此稿時的參考。他在一一七四年寫給呂祖謙（1137-1181）[22]的一封信[23]中云：

> 《中庸章句》一本上納（此是草本，幸勿示人）。更有《詳說》一書[24]，字多未暇，餘俟後便寄去。有未安者，一一條示為幸。《大學章句》并往，亦有《詳說》，後便寄也。[25]

---

19 有關許順之生平的傳略，見《宋人傳記資料索引》，頁 2152-2153。

20 《年譜》有收錄此封書信。見《年譜》，頁 169。（*校按：為求正文譯文順暢，校者將原文註 19、註 20 的順序互換，請讀者察之。）

21 《文集》，卷 39，頁 17 下。

22 有關呂祖謙的生平傳略，可見《宋人傳記資料索引》，頁 1212-1215。

23 《年譜》有收錄此封書信。見《年譜》，頁 169。

24 未見有以此名存世之書。然而，王懋竑在《年譜》中表示「《詳說》疑即《或問》稿」。見《年譜》，頁 169。

25 《文集》，卷 33，頁 26 上。

朱熹在寫完此信後的十五年，也就是公元一一八九年，才撰寫了〈大
學章句序〉。從前述的跡象也可看出，朱熹在此信中所提到的《大學
章句》稿，其開始寫作的時間可能比公元一一六七年那封信的時間還
要更早。因此，就整體而言，朱熹在公元一一八九年以前為《大學章
句》所投注的心力，不會少於十五年。

　　另外，我們也可看到朱熹在公元一一七六年，已經對自己所著的
《章句》稿進行修訂的工作。他在一封寫給張南軒（1133-1180）[26]的
信中[27]云：

> 《中庸（章句）》、《大學章句》……略修一過，再錄上呈。然覺
> 其間更有合刪處。[28]

從第一次提及此稿至公元一一八九年為《大學章句》作序的這十五年
間，無疑地朱熹付出了許多時間和心力去改進他對《大學》文本的理
解；因為朱熹在此期間似乎多次修改他的《章句》，並請他最敬仰的
同好友人提供改進的意見。

　　然而，朱熹並非在公元一一八九年寫完序後，即結束了他在《章
句》上的工作。事實上，根據《年譜》的記載，朱熹在公元一二〇〇
年四月二十三日過世的前三天[29]，仍在修改〈傳〉第六章「釋誠意」。
我們也可從《朱子語類》中朱熹的言論，以及《晦庵先生朱文公文
集》的書信中，看到他在公元一一八九年後，仍虛心地對自己的《大
學》注解抱持著修正和質疑的態度。[30]例如在寫完〈大學章句序〉的

---

26 有關張南軒的生平傳略，可見《宋人傳記資料索引》，頁 2268-2271。

27 《年譜》有收錄此封書信。見《年譜》，頁 169。（*校按：為求正文譯文順暢，校
　者將原文註 26、註 27 的順序互換，請讀者察之。）

28 《文集》，卷 31，頁 16 下。

29 《年譜》，頁 226。

30 例如朱熹在公元 1190 年及公元 1196 年的書信中，論及自己對《大學》多處的注

一年後，他被問到是否已經完成對《大學》的注解，朱熹答云：

> 據某而今自謂穩矣。只恐數年後又見不穩，這箇不由自家。[31]

據朱熹這樣的說法，朱熹對於自己在《大學章句》中對《大學》的注解，似乎並非如本章一開始所引《年譜》之語中所述的「穩洽於心」。[32]

事實上，朱熹即使在寫完序後多年，對《大學》的興趣仍然未減，同時也對自己在《大學》文本上的理解，一直存有疑慮。他在六十五歲之後曾云：

> 《中庸解》每番看過，不甚有疑。《大學》則一面看一面疑，未甚愜意，所以改削不已。[33]

解有所修訂。見《文集》，卷 62，頁 1 上；卷 63，頁 23 上。《年譜》也有論及這些書信的內容，見《年譜》，頁 66。

31 《語類》，卷 14，頁 9 上。此言由朱熹門人陳淳（1153-1217）所錄。據《語類》序言的記載，陳淳所錄的為朱熹在公元 1190 年和公元 1199 年的言論。從此處提問的語氣看來，筆者認為朱熹的這段回答是在公元 1189 年《章句》完成後沒多久說的。錢穆也認為朱熹的這段回答是在公元 1190 年，而非公元 1199 年。見《朱子新學案》，冊 4，頁 214-215。

32 朱熹在寫給應仁仲（生平傳記見《宋人傳記資料索引》，頁 4092）的一封信中云：《大學》、《中庸》屢改，終未能到得無可改處。《大學》近方稍似少病。道理最是講論時說得透，纔涉紙墨，便覺不能及其一二。（《文集》，卷 54，頁 11 上-下）
此信究竟作於何時，無從考證，因為此信的內容極為簡短，而且信中也沒有任何可供考證此信日期的內容。然而錢穆根據一個十分難以為人心悅誠服的證據，力主此信為朱熹在公元 1191 年離開福建漳州知州一職後所寫的。見《朱子新學案》，冊 4，頁 216。筆者雖不贊同錢穆在《朱子新學案》中的論據，但此信可作為朱熹提及自己不斷修改《大學》和《中庸》的參考資料，因此我也暫定此為朱熹晚年所寫的信。

33 《語類》，卷 19，頁 9 下。朱熹此語為王過（生平傳略見《宋人傳記資料索引》，頁 194-195）所錄。據《語類》序言的記載，王過所錄的為朱熹公元 1194 年至朱熹辭世為止的言論。

即便朱熹有某幾次對自己在《大學》文本方面的解讀，表達了某種程
度的滿意之情，但他隨即也承認由於他日復一日、年復一年地再三考
量，原先感到滿意的內容也極有可能變為不滿意。他在寫給潘端叔[34]
的一封信中云：

> 今年諸書，都脩得一過，《大學》所改尤多。比舊已極詳密，但
> 未知將來看得又如何耳。[35]

此段引文顯現了朱熹仍不斷致力於深入地探究《大學》的文本，而且
也以開放的態度積極地修正自己先前對《大學》的解釋。事實上，在
公元一一八九年作序之後，他寫了一封信給他最優秀的弟子黃榦
（1152-1221）[36]，朱熹在此信中認為唯有上智或下愚者，才會對己見
不加更動。朱熹云：

> 《大學》向所寫者，自謂已是定本。近因與諸人講論，覺得絜
> 矩[37]一章尚有未細密處，文字元來直是難看。彼才得一說，終身
> 不移者，若非上智，即是下愚也。[38]

很明顯地，朱熹即便於公元一一八九年寫完了〈大學章句序〉（此
〈序〉幾乎可以代表著他已完成對《大學》的研究工作），他對《大
學》的研究仍無間斷。朱熹在六十九歲辭世前不久，他有感而發地歎

---

34 有關潘端叔的生平傳略，見《宋人傳記資料索引》，頁 3636。

35 《文集》，卷 50，頁 4 上。此信難以考證其確切寫作的日期；唯一能提供我們知道
   此信日期的線索，是王懋竑在《年譜》中的說法，他表示此信作於公元 1183 年
   後。見《年譜》，頁 67。

36 有關黃榦的生平傳略，見《宋人傳記資料索引》，頁 2865-2866。

37 「絜矩」出自《大學》，〈傳〉之十章，第 2 節。

38 《晦庵先生朱文公續集》，卷 1，頁 3 下。引文中最後一行話是源自於《論語‧陽
   貨》第 3 章。《論語‧陽貨》第 3 章的英譯可參見 Legge, *Chinese Classics* I, 318。

道自己一生不懈地對這部極為精簡的著作付出心力。朱熹云：[39]

> 某於《大學》用工甚多。（司馬）溫公作《（資治）通鑑》，言：
> 「臣平生精力，盡在此書。」某於《大學》亦然。《論》、
> 《孟》、《中庸》，卻不費力。[40]

由此段話可明顯地看到朱熹對《大學》文本挹注了深刻的內涵。

朱熹對《大學》所付出的心力，並非無人賞識。事實上他因為研究《大學》而聲譽卓著，因此在公元一一九四年，也就是光宗讓位給寧宗的這一年，朱熹受詔赴經筵為新登基的國君講授《大學》。[41]

朱熹以將近四十年時間去研究《大學》，然而他在這段期間內對《大學》的研究性質究竟為何？下列三個方面或許是他最感興趣研究的：（1）修訂及校改《禮記》中原先以篇章形式流傳的《大學》文本；（2）考證《大學》真正的作者，並以此來鞏固儒家的「道統」；（3）將改訂後的《大學》文本，以中國傳統的小學及哲學的方式作系統性的注解。以下筆者簡要地說明朱熹在此三方面的研究。

在改訂《禮記・大學》篇方面，朱熹絕非首開先河之人。前文述及二程兄弟皆曾各自改訂過《禮記・大學》篇，因為他們相信〈大學〉篇原先竹簡的排列順序，在編纂《禮記》之前就已發生前後錯簡的情形，因此《禮記》中的〈大學〉篇版本，無法正確無誤地表達聖人之意。[42]朱熹雖對二程兄弟此說表示贊同，但對二人各自的《大學》改本皆不甚滿意。我們可從朱熹的〈大學章句序〉中，看到他極

39　出自郭友仁於公元 1198 年所錄朱熹之語。

40　《語類》，卷 14，頁 10 上。另可參照《語類》，卷 14，頁 9 下-10 上。

41　《年譜》，頁 202。有關朱熹這四十天經筵進講的概況，見 Schiro-kauer, pp. 182-183。朱熹在經筵進講《大學》的紀錄，完整地保存在《文集》，卷 15，頁 1 上-20 下。

42　見本書頁 34。

為技巧地表達自己關於這方面的言論。朱熹云：

> 天運循環，無往不復；宋德隆盛，治教休明。於是河南程氏兩
> 夫子出，而有以接乎孟氏之傳，實始尊信此篇而表章之。既又
> 為之次其簡編，發其歸趣，然後古者大學教人之法，聖經賢傳
> 之指，粲然復明於世。雖以熹之不敏，亦幸私淑而與有聞焉。
>
> 顧其為書，猶頗放失，是以忘其固陋，采而輯之，間亦竊附己
> 意，補其闕略，以俟後之君子。極知僭踰，無所逃罪。[43]

而朱熹在〈記大學後〉開頭的前幾行，再次謙卑地說明自己貿然改正
〈大學〉篇文本的行徑。朱熹云：

> 右〈大學〉一篇，經二百有五字，傳十章，今見於戴氏禮書，
> 而簡編散脫，傳文頗失其次。子程子蓋嘗正之。熹不自揆，竊
> 因其說，復定此本。[44]

朱熹認為二程兄弟各自的《大學》改本，已經是相當合理的，但也相
信他們的改本多少仍有不足之處。因此朱熹認為一個新的《大學》改
本是有必要的，於是他將《大學》的文本重新改正。在此應當指出，
朱熹的《大學》改本和二程兄弟的弟弟程頤的改本，有多處是一致
的。[45]自元初開始，朱熹的《大學》改本便理所當然地一直被視為

---

43 〈大學章句序〉，頁 2 下-3 上（本書頁 115-116）；英譯見本書頁 84-85。
44 《文集‧記大學後》，卷 81，頁 9 下（本書頁 140）；英譯見本書頁 108。朱熹關於
　　《大學》舊本錯簡的言論，除了此處之外，我們還可在《大學章句》中緊接在孔
　　子經一章之後見到。見《大學章句》，頁 2 上-下（本書頁 119-120）；英譯見本書
　　頁 89。
45 參見本書第二章註 42。

《大學》的公認標準文本。[46]

　　現在簡要地說明朱熹如何修改舊有的〈大學〉篇，也就是戴聖所留傳下來的〈大學〉篇。首先，他將〈大學〉篇的文本分成經文和傳文兩個部分，經文的部分凡兩百零五字，傳文的部分則有十章。朱熹云：

> 右經一章，蓋孔子之言，而曾子述之；其傳十章，則曾子之
> 意，而門人記之也。[47]

朱熹這種將〈大學〉篇文本獨立成經文和傳文兩個部分的做法，在朱熹之前從未有人如此，無論程頤或程顥，過去都不曾有人提出這種編排方式（就此而言，二程甚至沒有把文本分成段落）。當然，朱熹之所以會這樣做，其所持的論點，與他對〈大學〉篇作者身分的創見有密切關係，這點我們很快就會在下文論及。

　　其次，朱熹的《大學》改本在內容編排的順序上，有很多是依循著之前程頤的《大學》改本。據朱熹之言，《大學》本身有一種自然的結構。經文部分提綱挈領地列出《大學》之三綱領，即明明德、親民、止於至善[48]，以及實現綱領的八條目，即格物、致知、誠意、正心、修身、齊家、治國、平天下。[49]接著傳十章引用經書中的格言、歷史典故以及實例，詳盡地闡述這些「綱領」和「八條目」。朱熹在〈記大學後〉中云：

46　參見本書〈導論〉註 4。

47　《大學章句》，頁 2 上-下（本書頁 119-120）；英譯見本書頁 89。

48　朱熹將這些項目稱為三綱領。見《章句》，頁 1 下，第 1 行（本書頁 118）；另參見
　　本書《大學》譯注 註 55。

49　朱熹將這些項目稱為八條目。見《章句》，頁 2 上，第 1 行（本書頁 119）；另參見
　　本書《大學》譯注 註 64。

> 蓋傳之一章，釋明明德；二章，釋新民；三章，釋止於至善
> （以上並從程本，而增「詩云：『瞻彼淇澳』」以下）；四章，釋
> 本末；五章，釋致知（並今定）；六章，釋誠意（從程本）；七
> 章，釋正心、修身；八章，釋修身、齊家；九章，釋齊家、治
> 國、平天下（並從舊本）。序次有倫，義理通貫，似得其真，謹
> 第錄如上。[50]

毫無疑問地，若將任何一部文本的內容重新做大幅度的編排，必定會
影響到這部文本被理解的方式。閱讀朱熹的《大學》改本和《禮記》
中的〈大學〉篇，兩者在理解上確實存在著相當大的差異。[51]如前所
述，朱熹是以「系統性」的方式致力於將《禮記》中〈大學〉篇的內
容重新編排，而他這樣改動〈大學〉篇的結果是否合理正確，至今仍
是熱烈討論的議題。然而，無論朱熹的《大學》改本是否合理正確，
他的《大學》改本在元代被蓋上了正統的戳記，得到了官方的認可，
此後一直維持著崇高的地位，直到公元一九○五年科舉制度廢除為
止。因此，我們若要充分地瞭解從宋末元初到中國結束君主專制政體
之間儒家傳統對《大學》文本的理解為何，我們必須研究朱熹的《大
學》改本，也就是在他所編的《四書》中的《大學》，而非《禮記》
中的〈大學〉篇。

　　朱熹堅信注解經文的十章傳文是出自曾子筆下，不過這也對他造
成了一個很大的問題。也就是說，《大學》中所有的「綱領」和「條
目」，他除了找不到可以與「格物」和「致知」這兩個條目對應的傳
文之外，其他的皆有與之對應的傳文。按朱熹編排的順序，曾子傳之

---

50 〈記大學後〉，《文集》，卷 81，頁 9 下（本書頁 140）；英譯參見本書頁 108-109。
　　括號中的文字是朱熹自己所寫的夾注。
51 有關朱熹《大學》改本中的某些哲學意涵，筆者將在本書第四章中討論。

四章是釋「本末」，而傳之四章的最後一句話是「此謂『知本』」。朱熹認為接下來傳之五章「此謂『知本』。此謂『知之至』也」，應該是解釋「格物」和「致知」的傳文。然而，朱熹對於傳之五章又再一次出現「此謂『知本』」這句話，非常不以為然，因此他在傳之五章「此謂『知本』」句下注云：「程子曰：『衍文也』。」事實上，朱熹後來也和程頤一樣，將此句從《大學》中刪除。如此一來，曾子傳之五章僅存「此謂知之至也」的六字句。朱熹認為單憑此句是不足以解釋「格物」和「致知」這兩個條目，因此他在此句下注云「此句之上，別有闕文，此特其結語耳」，以表達他的主張。事實上，「格物」和「致知」對朱熹而言是極為重要的，不能不加以解釋，於是他「竊附己意，補其闕略」[52]於曾子的傳文中。[53]這也就是朱熹將舊有的〈大學〉篇，也就是戴聖所留傳下來的〈大學〉篇，進行大幅度修改的第三種方法。朱熹在曾子「此謂『知之至』也」句後加入說明：

> 右傳之五章，蓋釋格物、致知之義，而今亡矣。閒嘗竊取程子
> 之意以補之，曰……。[54]

接下來就是所謂的「補傳」，共一百三十四字。[55]從朱熹的《大學章句》刊印流布至今，不少學者對朱熹重新編排《大學》文本的合理正確性提出嚴正的質疑，特別是是否有必要增補這一百三十四字的傳文。自宋以降，不斷地有學者對〈大學〉篇的文本做了不同的改正；[56]

---

52 〈大學章句序〉，頁 2 下-3 上（本書頁 115-116）；英譯參見本書頁 85。

53 以上各段傳文以及朱熹注解傳文的英譯，參見筆者於本書的〈《大學》譯注〉，〈傳〉，第 4 章至第 5 章。

54 《大學》，〈傳〉，第 5 章。

55 有關補傳的內容，見《大學》，〈傳〉，第 5 章。關於這篇補傳的意義，將於本書第四章中加以討論。

56 有關宋代以降學者及其《大學》改本的目錄，可參見下列文章：趙澤厚，頁 88-

然而，這些改本從未威脅朱熹《大學章句》在偉大的儒學傳統（the Great Tradition）中崇高的地位。

　　朱熹在《大學》相關研究上的第二項重要貢獻，則是他的作者論。在宋代之前，《禮記》中某些篇章的作者可大致推定[57]，但〈大學〉篇除外。最早對〈大學〉篇來歷提出意見的人是二程兄弟；兄程顥稱其為「孔氏遺書」，程頤曾稱之為「聖人之完書」。[58]二人之言的真義究竟為何，引起了不少的學者討論，而程顥之說尤其令人想一探究竟，因為朱熹在《大學章句》一開始就加以引述，並以此為起點，發展出他有關〈大學〉篇作者身分的種種理論。[59]有些學者將程顥「孔氏遺書」這句話解釋為孔子在《大學》方面只有編和傳（ㄔㄨㄢˊ），而非由孔子所自作。清代的翟灝（1736-1788）提出了以下的看法。翟灝云：

> 按：《大學》久亡作者姓名，程子定為「孔氏遺書」。言孔氏，不必定屬孔子自作。如六經皆經孔子贊刪修定，以授弟子，則皆「孔氏遺書」也。此最確當不易之正論。[60]

當代許多的學者都認同翟灝的意見，認為程顥沒有直指孔子就是《大

93；蔡仁厚：〈大學分章之研究〉，《孔孟學報》第 9 期（1965 年），頁 65-66；高明：《禮學新探》，頁 110-120；山下龍二：《大學中庸》，頁 32-55；唐君毅：〈大學章句辨證及格物致知思想之發展〉，《清華學報》，新第 4 卷第 2 期（1964 年 2 月），頁 12。

57 高明曾將這些篇章及其所推定的作者列出。見高明：《禮學新探》，頁 100-101。

58 二人之言分別在《程氏遺書》頁 18 及頁 341。

59 見朱熹在《大學》〈經〉一章前之論（本書頁 117）；英譯見本書頁 85。

60 翟灝，《四書考異》，卷 1，頁 2 上（*校按：作者引用的翟灝《四書考異》，為清乾隆三十四年〔公元 1769 年〕武林竹簡齋所刊之七十二卷本，共分上編「總考」、下編「條考」二編，每編為三十六卷。作者此處的引文，實際上是引自〈上編・總考・一〉，頁 2 上）。

學》的作者，反而應該是編輯者或傳授者的角色。[61]不過也有人不表贊同。如趙澤厚就認為若某書為「某人之遺書」，就表示那本書正是此人所作。[62]無論二程兄弟所說「孔氏遺書」和「聖人之完書」的真義究竟為何，他二人確實是最早將孔子和《大學》文本直接關聯起來的人。他們的說法顯示他們確信孔子在某種程度上，對《大學》文本進行了編輯、修改或者撰作，並使之傳於後世。

二程兄弟對《大學》作者的觀點，也就是孔子以某種形式與《大學》文本發生直接關係的說法，直接影響了朱熹，因此朱熹對《大學》作者的觀點，是從二程兄弟之說而來的。朱熹在公元一一六二年所作的封事中云：

> 蓋「致知」、「格物」者，堯、舜所謂「精一」也；「正心」、「誠意」者，堯、舜所謂「執中」也。自古聖人口授心傳而見於行事者，惟此而已。至於孔子，集厥大成，然進而不得其位以施之天下，故退而筆之以為六經，以示後世之為天下國家者，於其間語其本末、終始、先後之序。尤詳且明者，則今見於戴氏之《記》，所謂〈大學〉篇者是也。[63]

朱熹在此段話中認為是孔子將聖人代代相傳的理念行諸文字。這些理念當然不屬於孔子，但表達這些理念的文字為孔子所作。相較於前人有關孔子與《大學》文本間關係的著述，朱熹在此篇封事中，更清楚地說明孔子與《大學》文本之間的關係。公元一一六三年，朱熹於杭

---

61 這些學者可以高明作為代表；見《禮學新探》，頁 101。

62 趙澤厚對瞿灝如此解釋程顥「孔氏遺書」的說法感到不解，認為瞿灝何以會有此言？他推測瞿灝之所以會有此言，答案可能是瞿灝本人相信《大學》本非孔子所作，他想要去掩飾程顥「孔氏遺書」之說的錯誤，於是有意地曲解程顥的觀點。見《大學研究》，頁 2。

63 《文集》，卷 11，頁 3 下-4 上。

州寫了一篇奏劄進呈皇上，他在此篇奏劄中又再次地對《大學》文本
的來歷表達看法。朱熹云：

> （至於）……所謂「大學之道」，雖古之大聖人生而知之，亦未
> 有不學乎此者。堯、舜相授，所謂「惟精惟一，允執厥中」者
> 此也。自是以來，累聖相傳，以有天下。至於孔子，不得其
> 位，而筆之於書，以示後世之為天下國家者。其門人弟子，又
> 相與傳述而推明之。[64]

從朱熹的這段話中，我們可以仔細地發現有一句重要的話未在前篇的
封事中出現，也就是「其門人弟子，又相與傳述而推明之」這句話。
因此朱熹對《大學》的作者論在公元一一六三年已經發展得相當完
整，即：孔子將自古聖人所傳下來的「大學之道」行諸文字，之後由
其弟子傳述，並為之注釋。因此，朱熹主張《大學》的文本應該分成
兩個部分，即屬於聖人的經文部分和屬於弟子的傳文部分。

　　朱熹終生將《大學》經一章的作者和孔子連在一起，但孔子是否
真的就是經一章的作者，朱熹從未斬釘截鐵地認定過。朱熹對此有幾
次不同的說法。第一種說法是孔子將古代聖人的理念行諸文字，第二
種說法是孔子講授古人的「大學之道」，並由其門人記之，第三種說
法則是孔子只是單純地憑著自己對古經的記憶，為其弟子誦讀古經之
言，之後再由這些弟子記之。[65]儘管這些說法有些微的差異，但朱熹
仍堅信孔子實際上與經一章的撰作是有關的，因為孔子要使「大學之
道」得以流傳或不朽，故選擇以撰作的方式使之永傳不朽。

　　在《大學章句》及〈大學章句序〉中，我們看到朱熹在其作者論

64　《文集》，卷 13，頁 1 上-下。
65　《文集》，卷 15，頁 18 上（*校按：誤，應在頁 8 上）。

中加入了一個重要的論點，也就是朱熹首次明確地表示據孔子之意傳
述《大學》文本的孔子弟子是曾子，而曾子之意則由其門人記之，並
且成為解釋《大學》經文部分的傳文。雖然朱熹對《大學》經文作者
的看法，有時會出現些微的差異，但直到他辭世的那一天，他仍堅稱
傳文是曾子及其弟子所作。〈大學章句序〉云：

> 及周之衰，賢聖之君不作，學校之政不脩，教化陵夷，風俗頹
> 敗，時則有若孔子之聖，而不得君師之位，以行其政教，於是
> 獨取先王之法，誦而傳之，以詔後世。

> ……而此篇者，則因小學之成功，以著大學之明法，外有以極
> 其規模之大，而內有以盡其節目之詳者也。

> 三千之徒，蓋莫不聞其說，而曾氏之傳，獨得其宗，於是作為
> 傳義，以發其意。[66]

接著朱熹在《大學章句》的經一章之後，馬上又說了一段更簡潔切要
的話。朱熹云：

> 右經一章，蓋孔子之言，而曾子述之。其傳十章，則曾子之
> 意，而門人記之也。[67]

　　朱熹上述這段關於作者論的說法，其門人似乎並不十分地滿意。
我們可以在朱熹完成《章句》之後沒多久所撰成的《大學或問》
中[68]，看到朱子被弟子問道：

66　〈大學章句序〉，頁 1 下-2 上（本書頁 113-114）；英譯見本書頁 82-83。

67　《大學章句》，頁 2 上-下（本書頁 119-120）；英譯參見本書頁 89。

68　有關《或問》確切的著成日期，我們無法百分之百地斷定。據王懋竑的說法，朱

「子謂正經蓋夫子之言而曾子述之，其傳則曾子之意而門人記
之。何以知其然也？」

曰：「正經辭約而理備，言近而指遠，非聖人不能及也。然以其
無他左驗，且意其或出於古昔先民之言也，故疑之而不敢質。
至於傳文，或引曾子之言，而又多與《中庸》、《孟子》者合，
則知其成於曾氏門人之手，而子思以授孟子無疑也。」[69]

朱熹在此段引文中，接連不斷地為他的《大學》作者論辯護，而在他
所有的著作中，也唯有此處是他一口氣說這麼多辯護他《大學》作者
論的話。然而，朱熹自己也很清楚地知道，「正經辭約而理備，言近
而指遠，非聖人不能及也」，這的確不足以證明《大學》的經一章就
是聖人所自作的。事實上，朱熹因為「無他左驗」，再加上他「意其
或出於古昔先民之言也」，因此朱熹不敢「質」孔子即為作者。在這
樣的情形下，朱熹只好用比較可能的語氣暫定「正經**蓋**夫子之言，而
曾子述之」（「蓋」為筆者所想要強調的字，故將其字體加粗）。

　　然而，朱熹對《大學》傳文部分的作者卻無絲毫的疑慮。朱熹認
為傳文中只出現「曾子曰」，並未提及或述及其他的弟子，因此這個
證據足以使他確信《大學》傳文部分的作者即為曾子，故云「其傳十
章，則曾子之意，而門人記之也」。朱熹因為十章的傳文中有一章傳

熹可能早在公元 1174 年就著成了《大學或問》稿，見朱熹公元 1174 年寫給呂祖
謙的信，本書頁 58。另外，王懋竑在《年譜》公元 1189 年的條目記載朱熹序成
《大學章句》及《中庸章句》，並接著在此條目記載之後，引用了一部在他之前的
朱熹年譜，其中記載了朱熹各為這兩部著作撰作了《或問》。王懋竑認為這表示
《大學或問》最後定稿的時間，可能也在同一時候，不然就是在為《大學章句》
作序之後不久。

69 《大學或問》，頁 19 上。有關這段引文內容的討論，見趙澤厚，頁 22-23。

文引述曾子之言，所以他認為十章的傳文很可能皆為曾子之意，並由其門人記之。朱熹這個關於《大學》傳文作者的推論，後世許多的學者紛紛指出是極有問題的。[70]

綜括上述所言，朱熹自己對於孔子是否與《大學》經一章的作者有關，仍在心中存有某些的疑慮；然而，如同上述所言，他對《大學》傳十章作者的信念卻從未動搖，因為他堅信傳十章即由曾子及其門人所作，並傳之於世。[71]朱熹在與林擇之[72]的信中，論及了與前引《或問》相關的內容。朱熹云：

> 《大學》正經云云，亦以意言耳。《傳》中引「曾子曰」，知曾氏門人成之也。[73]

朱熹何以在幾乎沒有任何具體的歷史事證之下，就認定《大學》為孔子和曾子所作？我們或許也可以在此針對這個問題作一點兒推論。如同前述所言，《大學》很顯然地受到朱熹極大的關注；他在

---

70 高明在辨大學作者的章節中，論述了這些學者批駁朱熹此種觀點的言論，見《禮學新探》，頁 100-107。亦可參見趙澤厚批駁朱熹此種觀點的言論，見《大學研究》，頁 17-24。

71 公元 1194 年，朱熹於經筵進講《大學》時論及傳十章的作者，云：「傳文十章，則曾子之意，而門人記之也。」（《文集》，卷 15，頁 8 上）這與他五年前在《章句》中所言的內容，幾乎是一字未改。但他於經筵進講《大學》時對於經一章作者的意見，則與他先前在奏劄、《章句》、《或問》中的說法稍有不同。朱熹云：「《大學》經文……蓋夫子所誦古經之言，而曾子記之。」（《文集》，卷 15，頁 8 上）從朱熹的這段話中，我們看到《大學》原為古代所作的經書，而這也是首次將《大學》視為古代經書的說法。此說似乎暗指《大學》在流傳的過程中因故中斷，直到聖人憑記憶將《大學》經文背誦給其弟子聽，並由其弟子記之，才得以繼續流傳。

72 有關林擇之的生平傳略，見《宋人傳記資料索引》，頁 1378（＊校按：誤，應在頁 1378-1379）。

73 《晦庵先生朱文公文別集》，卷 6，頁 7 下。

《大學》中找到可以概括儒家完善理想簡要有力的觀點，即修身與治世。事實上，因為他認為《大學》已系統地提綱挈領出他對新儒學未來展望的目標，所以他對《大學》極為重視。他再三地表示《大學》是《四書》中最重要的一部，在閱讀的順序上，更必須要在《論語》、《孟子》、《中庸》之前首先閱讀。[74]《大學》緊緊掌握了儒學的精髓，想必是由偉大的儒者所作。他的精神導師（spiritual master），也就是二程兄弟，已經將《大學》和孔子連結在一起，因此他可以毫不費力地明白指出《大學》是聖人之書。再者，因為《大學》中提到了曾子，朱熹也可以確信在他所理解的《大學》經傳結構中，傳文部分是出自曾子和他的門人筆下。由於朱熹將孔子和曾子認定為《大學》的作者，更加鞏固了《大學》的重要地位；也就是說，以孔子和曾子作為《大學》的作者，有誰還會對《大學》不重視呢？

以他這種方法來認定作者的身分，結果使得《四書》彼此的關係更加緊密；而這種緊密的關係，反而增加了《四書》的重要性。傳統上一直將孔子當成是《論語》的作者，子思是《中庸》的作者，《孟子》則是孟子所作。朱熹將《大學》和孔子、曾子連結起來，如此他便能清楚地展現出由孔子到曾子，由曾子到其弟子子思，再由子思弟子到孟子這一脈相承之「道」（道統）。[75]如此一來，便可將此四本書視為一整部著作，其中包含了從孔子到曾子到子思到孟子所傳承的儒學核心原理。據朱熹所言，二程兄弟藉由他們自己對此四本書不懈的努力，使得自孟子沒後便不再傳承的道統，又得以延續下去（朱熹在

---

74 可參見《大學或問》，頁 19 下-20 下，以及《語類》卷 14 中朱熹許多的論述，特別是在卷 14，頁 1 上-2 下。有關朱熹為何如此排列《四書》的閱讀順序，見 Gardner, "Principle and Pedagogy"。

75 陳榮捷曾對「道統」有所論述，見"Chu Hsi's Completion of Neo-Confucianism," pp. 73-81。另外，朱熹的《四書》序文對「道」的傳承有極為詳盡的論述。

此也暗示自己透過對此四本書的研究，以及他和二程兄弟之間的關係，繼續使這道統的傳承延續下去）。[76]因此，《四書》成為新儒學教授初學者的基本科目；一個人若能深入瞭解這四本書中深遠的意義，便可直接認識早期偉大儒學思想家的思想，以及藉由他們所傳承下來的儒家基本美德。

現在我們來討論朱熹在多年研究《大學》的期間中，他最感興趣研究的第三個、也是最後一個方面，即：將自己改訂後的《大學》文本，作系統性的注解。朱熹將《禮記》中的《大學》區分為經一章和傳十章並重新編次，這樣做的目的是為了使他區分出來的傳文部分，可以一章一章按照順序地去闡釋經文部分所列出的「三綱領」和「八條目」，接著他又增補一章傳文來解釋「格物」和「致知」，以「補其闕略」（以上這些都是朱熹竭力要將《大學》系統化的其中一部分做法）。朱熹在完成這些工作後，接著就針對文本進行注解的工作，而這一行又一行的注文比文本本身的文句顯得更長，內容也更加詳盡。因此朱熹的《大學章句》即是由自己的《大學》改本與這些注釋所結合而成的。

朱熹對《大學》的注釋偏重在哲理性，因此哲理性的注釋多於對字詞的注釋。然而，若有人想要竭盡心思地去詆毀朱熹沒有盡到注釋字詞的責任，或是批評他不重視字詞的注釋，那麼這些人將會自取其辱。朱熹每一行的注釋，幾乎都是先對文中幾個晦澀難懂字詞做簡短的注釋；我們若將朱熹這些對字詞的注釋和鄭玄、孔穎達早期對這些字詞的「訓」釋（"philological" glosses）進行比對，可以發現朱熹在某種程度上引用了這些早期注釋者的說法。我們也可從《朱子語類》討論《大學》的篇章和《大學或問》的論述中，看到朱熹是如何先仔

---

76 可參見朱熹〈中庸章句序〉和〈大學章句序〉。

細謹慎地思考著鄭玄、孔穎達、二程兄弟先前對《大學》文本的注釋，然後才將他們的注解融入自己的注釋，或是以自己的注釋取而代之。筆者並不是想要去證明朱熹在《章句》中所重的是字詞的注釋，或是證明他的注釋永遠都是正確無誤的，但從十七世紀開始，無論是中、西方的學者，都片面的表示朱熹毫不考慮字詞的解釋是否正確便將經典哲理化，如此的說法有必要加以改正。

朱熹在《大學章句》中的注釋是想要證明《大學》在結構和思想上是結合在一起的。朱熹所付出的每一分心力，都是為了解釋文本中句與句或章與章之間如何相關聯。[77]無疑地，朱熹深信文本中含有一個前後一貫的中心思想，因為《大學》文本畢竟是由古聖先賢所編寫而成的；[78]但如果要讀者理解，就必須加以闡明。因此，朱熹雖未忽略字詞的注釋，但他主要還是以詮釋文本的方法去研究《大學》。

除了《大學章句》外，朱熹還撰作了《大學或問》二卷，此書於公元一一八九年或公元一一八九年後不久完成，也幸而流傳至今。事實上，朱熹於《四書》皆有《或問》，並將各書的《或問》，附在《四書集注》的各書之後；不過，據《四庫全書》的編修者指出，朱熹於《大學或問》上所付出的時間，較其他三書的《或問》來得更久。[79]《大學或問》是朱熹據自己《大學》改本的內容順序，以問答的形式進行撰作。這些問題應該多是由門人所提問（這點無法十分確定，因為這些問者的姓名並未清楚地出現在《大學或問》中），並由身為老師的朱熹對門人的問題進行即席答覆，而問答的內容是有關在朱熹之前《大學》各段文意的種種詮釋，以及朱熹解釋自己在《章句》中為

---

77 閱讀本書〈《大學》譯注（據朱熹之解讀譯注）〉之注釋部分，便可明瞭。

78 參見 Daniel K. Gardner, "Chu Hsi's Reading of the Ta-hsueh: A Neo-Confucian's Quest for Truth," *Journal of Chinese Philosophy* 10.3: 183-204 (September 1983)。

79 見《四庫全書總目提要》，頁 722（＊校按：誤，應在頁 716）。

何會對《大學》各段文意如此詮釋的原因；朱熹在回答的過程中，是以哲學的方式進行闡述，因此在篇幅上也顯得比較長。事實上，無論是要瞭解朱熹哲學的概觀，還是要理解他對《大學》文本的詮釋，《或問》的重要性都不容小覷。

另外，《朱子語類》（朱子與其門人之間於公元一一七〇年至公元一二〇〇年間的問答語錄）[80]中有專門以《大學》為討論對象的篇卷，即卷十四至卷十八。這五卷的內容也代表著另一種意義，即朱熹至少在公元一一七〇年至公元一二〇〇年這三十年左右的時間內，專心致力地對《大學》這部簡要的典籍進行了系統性的研究。朱熹門人有時會針對《大學》各段的文意，或是朱熹在《章句》中對《大學》文本的注解，提出範圍比較廣、需要更多解說的問題；但這些門人也時常針對《大學》文本中的詞彙或語句，或是朱熹在《章句》注中對《大學》詞彙或語句所做過的注解，提出有關語詞訓釋極為細密的問題。

《朱子語類》對於瞭解朱熹如何理解及注解《大學》，具有莫大的價值；然而，就各方面的考量之下，仍應以《大學章句》為先。如果我們在閱讀《章句》的注解後，還無法完全清楚地瞭解朱熹對《大學》的詮釋，就再接著看《語類》中的篇卷；將《語類》通讀一遍，將有助於釐清《章句》注中的許多疑點。《或問》也可作為理

80　《朱子語類》是黎靖德（約公元 1263 年在世）於公元 1270 年編纂而成的，共 140卷。在他編纂《朱子語類》之前，已有五種朱熹與其門人之間的問答語錄，而這五種語錄的編纂，皆根據朱熹門人所錄的札記而成。他即根據這五種問答語錄編纂成《朱子語類》。市川安司曾在己撰的〈朱子語類雜記〉中，論述了《語類》的背景與編纂過程，並根據《語類》卷首的內容製成圖表，將《語類》中各門人所錄的問答之語按年代先後順序排列。市川安司〈朱子語類雜記〉見《人文科學科紀要》（*校按：全名作《東京大學教養學部人文科學科紀要》）第 21 輯（1959 年〔*校按：誤，應為 1960 年〕），頁 137-184。

解朱熹如何注解《大學》的參考之書，但與《章句》、《語類》比較起來，仍略嫌不足。我們可從《語類》卷十四中，看到朱熹曾言讀者應先專心在《大學》文本上，然後再讀《章句》，至於《大學或問》，幾乎可以完全不加理會，因為按照朱熹自己的說法，《大學或問》不過是《大學》文本「注腳之注腳」[81]。[82]

81 《語類》，卷 14，頁 9 上。

82 朱熹的這些言論可參見《語類》，卷 14，頁 8 上、8 下、9 上、9 下。筆者希望強調的是，《或問》的重要性雖然不及《章句》或《語類》，但對於希望瞭解朱熹如何詮釋《大學》的人而言，仍舊是必讀之書。這部「注腳之注腳」，往往在我們極需要之時，提供了朱熹在《大學》解讀上有關語詞訓釋和哲學方面詳盡的解說。讀者將會發現筆者的〈《大學》譯注〉經常援引《或問》的內容。

4

朱熹對《大學》的解讀

　　朱熹並非宋代首位專注於如何使人成為有德之人的思想家。如何使人成為有德之人，是所有被視為道學（School of the True Way）——在西方一般稱之為新儒學（Neo-Confucianism）——創始者的北宋思想家們心中最重視的問題。朱熹視周敦頤、張載、二程兄弟這幾位為自己的精神導師，並大量地利用他們所發展出來的論點，來形成自己的哲學體系。[1]道學或新儒學的出現，代表著儒家思想的重心開始有所轉移。在此之前，儒家思想一直以如何可以達到治國、平天下的目標為重心。然而新儒學學者深信，若不先正己，國又何以得而正之？因此他們將焦點放在個人的道德轉化上。惟有德之人才能依儒家的標準治世。

　　他們如此將儒家思想的重點轉向內在的道德修養，其正當性可以在經書中獲得證實。在《論語》中，孔子言何謂「君子」（the superior man）時云：「脩己以敬」。孔子弟子子路接著又要求孔子對君子是否還有其他的特質作更詳盡的說明，於是孔子再回答：「脩己以安百姓」。[2]自孔子之後，修身及治世構成了儒家學說的基本目標，「兩者形成一完整個體，不可分割。」[3]然而在過了幾個世紀之後，

1　見 Chan, "Chu Hsi's Completion of Neo-Confucianism," 尤其要留意頁 61-73。

2　語見《論語・憲問第十四》，第 45 章；英譯可見 D. C. Lau The Analects, p. 131。

3　Benjamin I. Schwartz, "Some Polarities in Confucian Thought," in *Confucianism in Action*, ed. David Nivison and Arthur Wright, p. 52。

不同學派和思想家對這兩個目標強調的程度自然有所不同。事實上，在那些自詡為儒家學派的人之間，往往為了爭論這兩個目標究竟孰輕孰重而水火不容。

到了宋代，新儒學學者們對於這兩個目標究竟孰輕孰重，他們的意見幾乎是一致的；無論是北宋的新儒學學者或是朱熹，他們都對個人的道德轉化比較重視。不過朱熹和他的前輩有著不同之處，即他專心致力於研擬一套詳盡的修身次序。這或許是朱熹對新儒學學派最具貢獻之處，即發展出一套修身的方法，而且是系統極為精密的修身方法。朱熹這套修身的方法一直為人重視，直到三世紀後的明代才受到強烈的挑戰。自此而後，朱熹的修身觀成為哲學方面激辯的焦點。儘管他的修身方法受到王陽明學派所謂的「主觀唯心論者」（subjectivists）和清代考證學的經驗論者（empiricists）大肆地抨擊，然而他的這套修身方法一直到本世紀初，仍舊是新儒學正統中的一部分。

朱熹制訂的這套修身方法，主要是從他對《大學》的解讀演化而來。幾個世紀前，韓愈和李翱在發展自己的「自我完善」理念時，也是從這部簡要的典籍中尋求啟發。《大學》原屬《禮記》的一篇，在韓愈和李翱身處的時代中不為人所重。他二人是首次發現這篇文章具有哲學意涵的儒者，並從而開展一段使《大學》成為儒家傳統核心典籍之一的漫長過程。[4] 朱熹之所以對《大學》如此熱衷，大致上和韓愈、李翱的原因相同，他們都宣稱「自天子以至於庶人，壹是皆以脩身為本」[5] 這句話，強調著修身的次序對儒者而言，是極為重要的，同時也兼顧了儒家「治世」的政治理想。但朱熹以新儒學的觀點，積極深入地探討個人內在道德的發展，這顯示了他對《大學》熱衷的程

4　見本書第二章，〈朱熹之前的《大學》〉。

5　《大學》，〈經〉，第 6 節。

度，是遠甚於韓愈或李翱的。

　　朱熹對《大學》的解讀──或是他對任何一部儒家經典的解讀──與朱熹本身哲學之間的發展，兩者存在著極為錯綜複雜的關係，若要詳加描述，恐怕不是那麼的容易。因為這兩者之間的關係並不如某些學者所認為的，是一種單純的因果關係，也就是某人若對文本內容有特定的見解，必定是由某人本身的哲學觀所致。[6]最貼切的說法毋寧是兩者之間是一種辯證（dialectical）的關係。無庸置疑地，朱熹確實是帶著某種哲學的傾向來研究文本，而這樣的哲學傾向有助於我們推斷文本中何處引起了朱熹的興趣或重視，也就是說，朱熹本身已經存在的觀點與文本中所表達的觀點，彼此之間不謀而合地產生了一種共鳴。不過從另一方面看，在朱熹這種帶有哲學傾向的研究過程中，文本也成為啟發他哲學思想的來源。我們可藉由文本中的觀點，使我們更進一步地去界定、明確、詳述朱熹的哲學立場。因此，朱熹從他對儒家經典努力不懈的反思中，逐漸形成了他的思想體系，而他自己本身的哲學觀點，也影響了他對儒家經典的反思。

　　事實上，朱熹這種對經典的研究方法，是以他新儒學哲學中的核心信念為基礎。朱熹認為人在一開始反思經典的時候，就能仔細地去思考經典中所隱藏的意義，是因為人本身有足夠的能力去體悟出經典

6　自宋朝以降，無論中西，許多學者都亟欲將朱熹對《大學》的創新見解視為他新儒學哲學體系的產物而已，這點令人感到相當的遺憾。有些學者（尤其是清代的考證學者）甚至還主張，朱熹之所以研究《大學》及儒家經典的其他典籍，主要的目的在於為一套實際上原非儒家傳統的精密哲學綱領提供正當性；他們此種觀點暗含著他們堅信程朱學派的學說並非正統的儒家思想，而且也暗含著朱熹刻意地去操作自己對儒家經典的解讀，其用意只是為了可以提供儒家的正當性，給將來在使用上有需要的思想學派。因此，他們此種觀點使他們完全看不到朱熹和其他程朱學派的思想家對儒家經書有著崇高的景仰之心，而且也看不到這些儒家經書在新儒學思想發展中所扮演的啟發性角色。

中的真理。具體地說，因為每個人的心，一生下來即具備眾理[7]，如果自己肯用心對經典下點兒工夫，便可與經典中所表達的真理產生共鳴，也就是說，一個人與生俱來之心，便可使自己體悟到聖人所表達的真理，無須仰賴大量傳統的注解和舊有的詮釋。簡而言之，朱熹在經典詮釋上的假設，大多是出自於他的本體論；而經典中所展現出來的真理，又有不少成為啟發和形成他本體論的來源。

在朱熹之前，也有學者們相信儒家經典中已有古代聖人所置入的真理，這點是毫無疑問的；但朱熹想在經典中尋求的真理，與先前那些學者想在經典中尋求的真理，是不同類型的。宋代以前的經學家通常尋求的是特定的、狹義的「處世真理」（situational truths），也就是仔細地規範人在生活中遇到各種不同的情況時該如何舉止，以及仔細地教導如何以最有效的方法去治理眾人，但朱熹尋求的是一個既普遍存在於宇宙萬物之中，卻又超越了宇宙萬物的真理。他所要尋求的這個真理，即為新儒學學說中的「理」，也就是構成整個宇宙的基礎，並使整個宇宙得以系統化和統一化的「理」。朱熹於公元一一九一年一月撰成的〈書臨漳所刊四子後〉中寫道：

> 聖人作經，以詔後世，將使讀者誦其文，思其義，有以知事理之當然，見道義之全體，而身力行之，以入聖賢之域也。[8]

朱熹的這段話，顯示了儒家經典在朱熹心中已不再是以規範為主。此時朱熹認為這些經典所展現的，就是唯一的真理，若按照新儒學的說法，這唯一的真理就是涵蓋宇宙一切事物之理。任何誦讀儒家經典的人只要用心地「聆聽」（hear）經書中所傳達的訊息，就會得知這個

7　相關的例子可參見《語類》，卷 5，頁 6 下。

8　《文集》，卷 82，頁 26 上。

理。朱熹在〈答曹元可〉一文中云:「夫天下之物,莫不有理,而其精蘊,則已具於聖賢之書,故必由是以求之。」[9]另外,在《朱子語類》他也說道:「讀書以觀聖賢之意;因聖賢之意,以觀自然之理。」[10]由於儒家經書為聖賢所作,而聖賢又充分體現了理,故經書中所表達的自然也就是理。[11]因此一個人若能致力於反思經典,或許可以從反思的過程中理解作為宇宙基礎的理。

　　然而,朱熹認為經典文本中所蘊含的真理,不是那麼輕易就能理解的,這是因為沒有任何的文字可以完整地表達聖人深遠的旨意。這裏又可以和宋代以前的經學家形成一個對比。宋代以前的經學家主要是針對需要注釋的字詞音義,以聲韻、訓詁的方式進行注釋。他們的想法是一旦明瞭字詞,文本本身的意義馬上一目了然。對他們而言,瞭解字詞之義就等於理解文本之義。朱熹認為聲韻和訓詁的研究方法雖不可或缺,但他也認為瞭解字詞表面上的含義,不等於可以理解文本的意義。朱熹曾教導門人云:「聖人言語,一重又一重,須入深去看。若只要皮膚,便有差錯,須深沉方有得。」[12]接著他又以相同的口吻云:「人看文字,只看得一重,更不去討他第二重。」[13]因此朱熹認為一個人在閱讀經書時,不能只是略略地看過文字,瞭解文字本身表面的意義而已。這如同朱熹的另一種說法。朱熹常言讀書不能只看書本,更應該親身「體驗」。[14]此指一個人讀書不能先入為主地認為書中所要表達的觀念為何,也就是一個人必須以「虛心」(unprejudiced

---

9　《文集》,卷59,頁5上。

10　《語類》,卷10,頁2上。

11　參見市川安司:《程伊川哲學の研究》,頁131-137。

12　《語類》,卷10,頁2上。

13　《語類》,卷10,頁2上。

14　可參見《語類》,卷10,頁4下。

mind）的態度去讀[15]，一直不斷地與書中的內容進行對話，反覆玩味，盡心竭力地理解書中地含義。讀者在讀書的過程中若不主動參與，文本和其中的文字幾乎沒有任何意義可言；讀者若能以認真、開放的態度與文本進行對話，進而重新發現真理，便可對文本賦予意義。讀者與文本彼此之間如此不斷地相互接觸，久而久之，便會使得讀者對書中所隱含的真理，有愈來愈深刻的體悟。

為何朱熹要盡一生之力去追求對《大學》的理解？這點可從朱熹詮釋《大學》文本的觀點得到解釋。朱熹以四十年的時間，不斷地修正他對《大學》文本的解讀，這是由於他在這四十年中，愈來愈能明白《大學》文本中所隱含的真理，所以他自覺性地修正或揚棄自己過去對《大學》文本的某些觀點。朱熹強烈地感受到他必須要自己找出《大學》中所展現的真理，無論這項工作要耗費多久的時間。[16]而朱熹這種對《大學》帶有個人性的、宗教信仰性的研究方式，一如所料地使他對《大學》文本產生了頗為新穎的見解，而這些新穎的見解，至少在三個重要的方面，打破了自漢至唐對《大學》文本的傳統解讀。若要探討這三個朱熹與過去傳統解讀的不同之處，就要說明究竟是什麼原因使得朱熹對《大學》產生興趣，因為在他的見解中，那些與過去解讀不同的新穎之處正是最核心之處。

朱熹與宋代以前注解《大學》的第一個不同之處，在於朱熹的《大學》注解，與宋代以前那些以鄭玄《禮記注》、孔穎達《禮記正義》為準的《大學》注解，在整體的定位上有著根本的不同。鄭、孔二氏主要將《大學》視為教導如何治理政事之作，因此只為國君所

---

15 《文集》，卷 55，頁 9 上。錢穆曾討論「虛心」的重要性，見錢穆：《朱子新學案》，冊 3，頁 613-687。

16 筆者曾撰文大幅地討論朱熹的解讀方式。見 Daniel K. Gardner, "Transmitting the Way: Chu Hsi and His Program of Learning."

用。依二氏所言，此篇名為「大學」之因乃「以其記博學可以為政也」。[17]朱熹的觀點則明顯的和鄭、孔二氏異趣，他認為《大學》是教導如何修身和治世之作，因此可為天下之人所用，並不只限於國君；他將《大學》之名解釋為「大人之學（learning for adults）」。朱熹這個對《大學》之名的解釋，都是扼要地提出在他的《章句》注和《大學或問》中，但公元一一九四年他為寧宗進講《大學》時，他頗為詳盡地解釋了《大學》的書名之義。朱熹云：

> 《大學》者，大人之學也。古之為教者，有小子之學，有大人之學。小子之學，灑掃、應對、進退之節，《詩》、《書》、禮、樂、射、御、書、數之文是也。大人之學，窮理、修身、齊家、治國、平天下之道是也。此篇所記，皆大人之學，故以大學名之。[18]

朱熹因此使得《大學》更為廣大的人所閱讀，因為他在《大學》中發現了修己和治人之道，而這修己治人之道人人皆可習之，而不是只有政治領導者。在朱熹的理解中，《大學》一開始就是以人人皆有能力完善自我，並藉由一套修己的過程努力地完善自我為前提，朱熹認為這就是《大學》想要表達的訊息。

　　朱熹與宋以前之人的第二個不同之處，在於他發現《大學》明白地說出了在修身過程背後屬於本體論性質的假設與目的。《大學》開頭的第一句話「大學之道在明明德」，朱熹對這句話的理解是「大學

---

17 《禮記注疏》，卷 60，頁 1 上。筆者「以其記博學可以為政也」句的英譯是根據理雅各"Title of the Work"中的英譯修改而成。理雅各的英譯見其所著之 *Chinese Classics* I, p. 355。

18 《文集》，卷 15，頁 1 上。本書〈《大學》譯注〉的註 52，可更進一步瞭解朱熹對《大學》書名之義的理解。

之道在保持人與生俱來的光明之德不被掩蔽」。[19]這和宋代以前對這句
話的詮釋「大學之道在彰顯自己的光明之德」[20]，有著顯著的差異。
宋以前對「明明德」這句話的詮釋——彰顯自己的光明之德——主要
是對國君而說，也就是要國君對外地向人民彰顯己身之德，遍及天
下，藉此將道德教導給他的人民；人民以國君為效法的對象，品德行
為自然也會如國君一般。相形之下，朱熹認為「明明德」——保持人
與生俱來的光明之德不被掩蔽——是內在自我完善的過程，可為人人
所用，不是只限於國君一人而已。正如他相信「大學」的詞義指的是
眾人之學，「明明德」自然也可看作是與每個人息息相關的內在自我
完善過程。

　　對朱熹而言，「明德」不是外在表現的品德，或是崇高的品德行
為，而是每個人與生俱來的善良本心及本性，而這善良的本心及本
性，可能會被天生的資質稟賦（material endowment）與人欲所掩
蔽。「為不使明德被掩蔽」或「明」「明德」正是修身過程的目標，即
每個人都必須設法維持或恢復本善之心及本善之性。此外，一個人若
能保持自己的「明德」不被掩蔽，或許可令他人效法自己良好的品德
和行為，進而使得他人的「明德」得以革新，而這就是「親民」之
義。[21]朱熹在注解《大學》這段文字時，詳盡地解釋了「明德」的意
思。朱熹云：

　　明德者，人之所得乎天而虛靈不昧，以具眾理而應萬事者也。
　　但為氣稟所拘[22]，人欲所蔽，則有時而昏；然其本體之明，則有

19　《大學》，〈經〉，第 1 節。

20　《禮記注疏》，卷 60，頁 1 上。

21　見《大學》，〈經〉，第 1 節，以及朱熹對此所做的注解（本書頁 117）。

22　根據朱熹的觀點，整個宇宙和宇宙間的萬事萬物（包括人類在內），都是由「氣」
　　所構成的。筆者在後面的〈大學章句序〉英譯之中，將「氣」譯為「精神之質」

未嘗息者。故學者當因其所發而遂明之，以復其初也。[23]

朱熹此段對「明德」的解釋，在朱熹的門人[24]和之後的宋、元儒者之間，[25]引起了極大的爭議。因為朱熹究竟是將「明德」和「心」等同視之，還是將「明德」與「性」等同視之，這點他們急切地想要做出定論。事實上，朱熹此段對「明德」的解釋，似乎指的是一個心性兼具的本體（entity）。像「虛」（unprejudiced）、「靈」（spiritual）二字，很顯然指的就是心。例如在《朱子語類》卷五中，我們可以看到朱熹曾云：「虛靈自是心之本體。」[26]此外，根據朱熹的學說，包含萬理的是心而不是性。[27]但另一方面，《朱子語類》卷十二中朱熹有關人性的論述，與他「明德」某些部分的解釋，無論是在用語上和精神上，都有著極為相似之處。這種相似性足以令人相信「明德」和「性」可以等同視之。朱熹云：

（psychological stuff），是因為「氣」不僅指出了「心」（mind）是物質實體（material substance），也指出了「心」的作用與活動。宇宙中的萬物皆被賦予了「氣」，萬物獨特的外形和個別的特徵，與萬物本身「氣」的聚合（density）和精純（purity）程度緊密相關。朱熹也曾清楚地說明「理」與「氣」之間的關係。朱熹云：「天下未有無理之氣，亦未有無氣之理。」（《語類》，卷1，頁1下；英譯可參照 Chan, *Source Book*, p. 634）。「理」與「氣」兩者無法獨立於彼此而存在；沒有「理」，「氣」就沒有繼續存在的原因，少了「氣」，「理」就無物可附。人之所以「惡」，是因為他所分配到的「氣」（「氣」的質、量因人而異）積聚太多或不純粹，於是掩蔽了他的「理」，亦即掩蔽他人性的根本。

23 出自《章句》對《大學》〈經〉第1節的注解（本書頁117）。

24 有關朱熹門人對朱熹的質疑問難，可參見《語類》，卷14，頁11下-18上。

25 有關宋、元儒者對「明德」本質的論辯，見《四書大全》，卷1，頁1下-3上。

26 《語類》，卷5，頁5下。此外，朱熹門人也曾問朱熹：「靈處是心，抑是性？」朱熹回答說：「靈處只是心，不是性。性只是理。」見《語類》，卷5，頁3下。另外，朱熹還曾云：「心雖是一物，却虛，故能包含萬理。」見《語類》，卷5，頁6下。

27 如上註所引《語類》，卷5，頁6下之語。

人性本明，如寶珠沉溷水中，明不可見；去了溷水，則寶珠依
舊自明。自家若得知是人欲蔽了，便是明處。[28]

另外，在《朱子語類》中，朱熹自己還暗示了若將「明德」和
「性」各自地與仁義禮智劃上等號，「明德」和「性」兩者是可以等
同視之的。[29]

很顯然地，朱熹並不將「明德」單獨地理解為心或性。若要體會
朱熹對「明德」的理解，我們必須要牢記朱熹認為「心」兼具「性」
和「情」的這個觀點，而他這個觀點與北宋張載（1020-1077）的觀
點是相同的。[30]對朱熹而言，天賦之德（即「明德」）指的是一個本
體，在這本體中包含了人之所得乎天而虛靈不昧的本心，以及存在於
人內心可臻於完善的光明之性（luminous nature）。從朱熹的觀點可以
看出，欲使「明德」不被掩蔽，就要保持本心的完整，而在保持本心
完整的過程中，自然也內含著光明之性臻於完善的過程。[31]

---

28 《語類》，卷 12，頁 8 上；英譯可參見 Fung, *History* II, p. 560（筆者此段引文的英
　　譯是據馮友蘭的英譯修改而成）。另外，我們還可在《語類》中見到類似的文字。
　　朱熹云：有是理而後有是氣，有是氣則必有是理。但稟氣之清者，為聖為賢，如
　　寶珠在清冷水中；稟氣之濁者，為愚為不肖，如珠在濁水中。所謂「明明德」
　　者，是就濁水中揩拭此珠也。（卷 4，頁 17 下）若能循此途徑，理或性便可再次顯
　　明。

29 宋代的新儒學學者根據孟子人性本善之論，相信人性是由此四種美德所構成的
　　（如《語類》，卷 5，頁 2 上與卷 6，頁 9 上所言）。另外，《語類》中亦有「明
　　德」是由此四種美德所構成的說法。朱熹云：人本來皆具此明德，德內便有此仁
　　義禮智四者。只被外物汩沒了不明，便都壞了。所以大學之道，必先明此明德。
　　（卷 14，頁 13 上）此外，朱熹也曾被問到「明德」是否就是仁義禮智之性，朱熹
　　答道：「便是。」見《語類》，卷 14，頁 12 上。亦可參見《語類》，卷 14，頁 22
　　上-下。

30 張載此觀點的論述，見《張子全書》，頁 290。

31 朱熹思想中「心」的觀念，其重要性迄今仍不被重視。然而，錢穆《朱子新學
　　案》和杜維明為錢穆《朱子新學案》所撰的書評（刊載於 *The Journal of Asian*

　　人該如何使內心的光明之性得以完善？朱熹認為《大學》已規範
了一個明確的方式，那就是「格物」，而這也成為朱熹在《大學》文
本理解上，異於過去《大學》文本詮釋的第三個地方。《大學》正文
開始時有一段文字是這麼說的：

> 欲脩其身者，先正其心；欲正其心者，先誠其意；欲誠其意
> 者，先致其知。[32]

緊接在這段文字之後的，便是「致知在格物」句。這句話的最後兩個
字「格物」，自漢代以來便語義不清，因其有著各種不同的詮解。鄭
玄注「格物」之義為：

> 格，來也；物，猶事也。

接著他解釋「致知在格物」句的意思是：

> 其知於善深，則來善物；其知於惡深，則來惡物。言事緣人所
> 好來也。[33]

鄭玄這段文字，說明了「格物」（某物之來）是「致知」（已深之知）

Studies, 33.3:441-454），曾大篇幅地討論朱熹思想中「心」的觀念。杜氏在所撰的
錢穆《朱子新學案》書評中論朱熹對「心」的理解時云：朱熹在論及「人心」
（human mind）和「道心」（ontological mind）時指出，「人心」雖受「形氣之私」
（self-centeredness of the material being）所限，但可經由道德的修養使之轉化，與
「道心」一致。如此的一致性可使「道心」（即人性真正的本源）彰顯「天理」於
人事之中。因此，對個人而言，修養己心是至關重要的，儘管人天生為有形的自
我（physical self）所限，但修養己心可使人性最終基礎的理得以「體現」。（頁
446）杜氏此段文字解說了朱熹「心」的觀念，並有助於我們瞭解朱熹對「明德」
的詮釋。

32　《大學》，〈經〉，第 4 節。

33　《禮記注疏》，卷 60，頁 1 下；英譯參照 D. C. Lau, "A Note on Ke Wu," p. 353。

的結果。孔穎達在《禮記正義》中，也贊同鄭玄對這句話的解讀。然而，朱熹對「格物」的理解，與鄭玄、孔穎達不同。朱熹按其精神導師程頤之說，將「格物」解釋為：

格，至也；物，猶事也。窮至事物之理，欲其極處無不到也。[34]

接著朱熹對「致知在格物」句的解釋，與鄭玄、孔穎達的解釋大相逕庭，這是因為他認為「格物」是「致知」的途徑，而非結果。朱熹云：

欲致吾之知，在即物而窮其理也。[35]

朱熹這樣的解釋，使《大學》中的「格物」，在他的文本解讀之下，變成了修身過程中首要的、根本的工作。這也就是說，一個人唯有窮究事物之理，才能逐漸地完善自我而「明明德」。此種修身方式暗含著「天下萬物之理一也」的意義於其中。[36]因此，理解外在事物之理，最終必能理解個人內在之理。又個人內在之理與個人之性一也[37]，因此理解個人內在之理，最終將能達到自我實現的理想。

　　另外，朱熹又於《大學》文本中，加入了所謂的「補傳」用以解釋「格物」與「致知」，而這章「補傳」正是他對「格物」與「致知」最清楚有力的說明。依照朱熹的說法，《大學》原有闡釋此二要語之傳文，但早已亡佚。因此他取先前程頤之說，以一百三十四字重建並補入此亡佚之傳文。朱熹在此補作之傳文的開頭云：

---

34 出自朱熹《大學章句》對〈經〉第 4 節的注解（見本書頁 119）。

35 《大學》，〈傳〉，第 5 章（即朱熹補入之章）。

36 事實上，此種信念是程朱哲學體系的核心。實際的例子可參見《遺書》頁 214 與頁 13、《伊川易傳》卷 3 頁 3 下中程頤相關的論述。另外，程頤所論述的觀點也為朱熹所讚揚。見《語類》，卷 1，頁 2 上。

37 有關人性即理之論，散見於《語類》卷 4 及卷 5。

傳之五章，蓋釋格物、致知之義，而今亡矣。閒嘗竊取程子之
意以補之。[38]

此補作之傳文的內容如下：

所謂致知在格物者，言欲致吾之知，在即物而窮其理也。蓋人
心之靈，莫不有知，而天下之物，莫不有理；惟於理有未窮，
故其知有不盡也。是以大學始教，必使學者即凡天下之物，莫
不因其已知之理而益窮之，以求至乎其極。至於用力之久，而
一旦豁然貫通焉，則眾物之表裏精粗無不到，而吾心之全體大
用無不明矣。此謂物格，此謂知之至也。[39]

朱熹「竊附己意，補其闕略」[40]（此語為朱熹所親言）於《大學》文
本中的做法，使我們不禁要問，朱熹為何要做這件事？畢竟《大學》
是一部經典著作，而他不過是一介學者，怎可擅自地補入一段文字於
《大學》文本之中？朱熹想必是相信，在經過自己多年殫精竭慮的
《大學》研究後，自己已能瞭解文本中深遠的涵義。因此，對於古代
聖人於文本中所彰顯的真理，自己已能掌握、領會。然而，因古代聖
人之言已有部分亡佚，於是便使得真理難明。他之所以大膽地以己意
「補其闕略」，純粹是因為他認為如此的做法將有助於重現真理。他
對文本並沒有不敬；他仔細謹慎地將自己補入的部分注明出來。朱熹

---

38 朱熹在《或問》中詳細地說明了補傳中的觀點是直接從程頤的觀點而來。見《或
　問》，頁 33 上-51 上。陳榮捷列出了朱熹撰作補傳時取自《遺書》的內容部分。見
　Wing-tsit Chan, "Chu Hsi's Completion of Neo-Confucianism," p. 87. 筆者應當有必
　要指出，儘管朱熹「竊取程子之意」，但卻是朱熹將程子的這些觀點形成了一貫性
　的哲學論述。

39 《大學》，〈傳〉，第 5 章。可想而知，從《大學章句》開始流傳迄今，仍有人不斷
　地對朱熹補傳的正當性提出嚴重的質疑。見本書第三章，註 56。

40 見朱熹〈大學章句序〉，頁 2 下-3 上（本書頁 115-116）。

雖以己意和程頤之意補作此章傳文，但他深信自己在「補傳」中所表達的真理，即為古代聖人的真理。

毫無疑問地，朱熹在「補作」此章《大學》傳文之時，多少改變了《大學》本身所要表達的旨意，或至少是改變了過去儒者對《大學》的理解。過去《大學》在漢、唐學者的解讀下，並未發現文本有暗中述及悟（enlightenment）或如何使人達到悟境的方法，但在朱熹的解讀下，他發現《大學》中的「格物」，只要力行不懈，最終將能到達豁然貫通的境界，此時「則眾物之表裏精粗無不到，而吾心之全體大用無不明矣」。朱熹之所以如此解讀文本——過去的學者則不然——是因為他對文本關注的角度以及對文本所提出的問題，都與過去的學者不同，而這也都是由於他身為宋代的一位知識分子，並踵繼二程兄弟的傳統，自然使得他對某些哲學議題有所偏好。以上的內容只是指出，朱熹並不是有意地要將某種詮釋強行地加入於《大學》之中，而是對他而言，《大學》中富藏著真理，因此《大學》中所呈現的某些議題，若已是他頗為偏好的議題，那麼在他研究文本的過程中，他會產生極為強烈的敏感度。

幾乎所有宋代的知識分子，都對悟這個議題頗感興趣。隨著佛教禪宗日漸興盛，宋代的思想家們無論是否信仰佛教，都被引入了開悟的極致理想。在朱熹的觀念之中，許多人之所以成為佛教的信仰者，包括曾對儒學尊奉極深的儒者在內，最大的原因正是此開悟的極致理想。[41]筆者心中自然不是想暗指朱熹在《大學》文本中只不過是尋得了佛家的開悟。無疑地，朱熹《大學》補傳中所言的豁然貫通，和禪宗所言的開悟，兩者在表面上可能有著相似之處，因為朱熹和禪宗之徒，都認為他們各自所言的豁然貫通或開悟，是一種對宇宙真正本質

---

41 《語類》，卷 126；並散見於錢穆：《朱子新學案》，冊 3，頁 489-549。

的徹底理解。然而，二者各自對達到豁然貫通或悟境的方法不同，只要略微檢視二者方法的不同之處，便可凸顯出雙方在這方面的概念最終有多麼的不同。畢竟「格物」之意為窮究外在事物之理，因此，對朱熹而言，外在世界對人深具意義，關係密切。相形之下，禪宗之徒則相信人不可能憑著對外在現象的感官知覺（perception）而開悟。因為外在世界及其中的一切事物都是虛幻的，只不過是人在了別意識作用下（a function of discriminating consciousness）所產生的錯覺而已。因此，窮究外在世界及其中的一切事物，並無法使人更接近唯一真正的真相，也就是佛性（the Buddha-nature）。對禪宗之徒而言，「格物」這種需要具有自我意識、理性研究或鑽研的方法，是完全不具效用的。另外，朱熹以經書或經典的學習為「格物」中至關重要的事，但禪宗之徒不作此想，事實上他們認為即便是佛典或佛經的學習，都是不需要的。相反地，一個人若能藉由禪定（meditation）的方法，直識己之本心，如此才能實現己身所存有的佛性。

禪宗因其方法簡易直接而深獲人心，即使是二程兄弟的門人也為之吸引而傾心於禪，因此他們轉向禪宗，並以禪宗之法作為達到開悟的途徑。[42]這使得朱熹心生憂懼。[43]他認為開悟並非禪宗教義所說的那麼容易便可達成，而是必須兼具以下兩個條件：一為保持內心的沉

---

42 朱熹論云：「佛氏最有精微動得人處，本朝許多極好人無不陷焉。如李文靖、王文正、謝上蔡、楊龜山、游先生（酢）諸人。」見《語類》，卷 24，頁 20 下。謝、楊、游是所謂「程門四先生」的其中三位。有關謝、楊、游三人與禪宗的交涉，見久須本文雄：《宋代儒學の禪思想研究》，頁 286-325。另外，狩野直喜、諸橋轍次、Glen Sargent 三位學者曾以簡短的篇幅論述二程門人以及這些門人與佛教的交涉。見狩野直喜：《中國哲學史》，頁 394-397；諸橋轍次：〈儒學の目的と宋儒の活動〉，頁 386-389；Glen Sargent, *Tchou Hi contre le Boudhisme*, pp. 26-27, 30。

43 《語類》卷 126 全部的內容，在在顯示了朱熹對佛教深獲人心的深切憂慮；而朱熹自己也曾為佛教吸引（如《語類》，卷 104，頁 9 下-10 上），這無疑地更加深了他的擔憂。

靜（inner mental composure）（敬），一為窮究外在事物的理（格物），如此才能達到開悟的境界。對朱熹而言，若要追求豁然貫通的境界，則必須有一寂然不動之心，如此才能毫不分心地完全專注在一件事物上；另外也必須要習得知識——即透過深究或探究外在世界的理而得到的道德知識，如此才能達到豁然貫通的境界。朱熹云：「吾儒之學，則居敬為本，而窮理以充之。」[44]

事實上，朱熹之所以抨擊佛教徒，主要是因為他們否定了外在事物的研究價值。朱熹據程顥之語云：

> 釋氏唯務上達而無下學，然則其上達處豈有是邪！[45]

朱熹不同於佛教徒，他相信一個人不可能只憑己心便可達到豁然貫通的境界。一個人的氣（即構成一個人心理和生理的要素）若昏濁或不夠精純，有時會使人完全失其已性（性或可稱「理」，因二者相同）；而要使已失之性得以重返，單憑內省是不夠的，還要積極地外求。因此，一個人惟有藉著格物，也就是窮究外在萬事萬物之理，最終才有可能得知理，並從而擴及到瞭解自己的本性。

格物以至於篇幅簡潔的大學文本，對朱熹著實產生了莫大的吸引力，而這絕非言過其辭。格物在朱熹的理解之下，成為了儒家對佛家禪定的矯正之法，因為朱熹認為佛家的禪定過於主觀，難以信賴。格物如同佛家的禪定，可以達到自我的實現與開悟的境界；然而，格物也是一個對真實事物肯定的過程（a reality-affirming process），強調著

---

44 《語類》，卷 126，頁 10 上。此外，朱熹亦於它處云：「『居敬』、『窮理』二者不可偏廢。」見《文集》，卷 41，頁 2 上。

45 《語類》，卷 126，頁 21 上。程顥之說見《遺書》，頁 153。此外，朱熹亦於它處論道：須是下學，方能上達。然人亦有下學而不能上達者，只緣下學得不是當。若下學得是當，未有不能上達。釋氏只說上達，更不理會下學。然不理會下學，如何上達？（《語類》，卷 44，頁 23 下）

自我與社會之間關係的重要性。一個人若想要達到開悟的境界，就必須要展開雙臂，擁抱世界，對這個世界的理，也就是內在本有的模式求得理解；對此模式求得理解之後，接著便可容易地使己之身、家、國、天下與此模式趨於一致，直到整個圍繞在他周遭的世界盡享太平為止。如同朱熹於《大學》中所讀到的這段文字：

> 物格而后知至，知至而后意誠，意誠而后心正，心正而后身脩，身脩而后家齊，家齊而后國治，國治而后天下平。[46]

在朱熹手中，《大學》文本整個的傾向已與過去不同，也就是一種「庶民化」（democratization）的傾向於《大學》中產生了。這代表著《大學》這部原先作為指導政治菁英分子的書，現已成為指導任何人或所有人想成為道德菁英一分子的書。這種任何人皆可依循著《大學》中所提出的綱領，並進而使自己成為道德菁英一分子的說法，是依據著一個具有哲學性質的前提，而這個前提即為朱熹對《大學》開頭幾句話的解讀，即人生而善，也就是每個人都有著與生俱來的光明之德，但必須窮盡一生之力使己生之善不失。[47]《大學》中所提出的

---

46 《大學》，〈經〉，第5節。

47 然而，我們不應該將朱熹《大學》「庶民化」的程度過分誇大。相較於過去的注解者，朱熹的確使得更多人去閱讀《大學》這部典籍。理論上，《大學》中修身過程的綱領現在應可為眾人所知。但朱熹的格物在要求上過於困難，不易達成。並不是每個人都能窮盡一生之力去通曉萬事萬物之理。若要某人窮盡一生之力去通曉萬事萬物之理，則此人必須要能有充裕的時間；此外，即便朱熹認為經書和史書中的理最易通曉，但也必須要受過必要的教育，一個人才能在卷帙浩繁的經書和史書中去求得理。因此，朱熹的修身實際上多半還是侷限於受過教育的菁英分子。

三個世紀以後，王陽明（1472-1529）及其思想學派的其他思想家，更充分發揮《大學》「庶民化」的潛在意義。王陽明將「致知」這個在《大學》中的核心用語理解為「致良知」。這個良知指的是每個人天生便具有明辨是非的能力，故獲取知識在自我道德完善的過程中，根本是不必要的。從書本中獲取知識，對自我實現的提升不會有任何幫助。只要自己的行為符合內心的正義感，任何人便可毫

格物（即通曉事物之理）正是防止一個人不離己善之道的方法，因為
格物的過程可確保一個人持續保有真誠待理的態度，亦即人性的最終
基礎（the ultimate ground）。若一個人本身的道德已臻於完善，便可
影響他人，在他人身上產生道德轉化的效應，而這也就是《大學》文
本中所謂的「親民」之意。久而久之，社會將能享有百分之百的和諧
安詳。因此，修身和治世仍是兩者並提，一如兩者在儒家傳統中一直
無法分割一般。道德菁英和政治菁英兩者關係也是一樣，仍是十分緊
密，形影不離。

　　因此，朱熹賦予了《大學》嶄新的意義。多年來致力於《大學》
文本的反思，使他得到了深刻的領會；在「心中已具之理會與文本中
已存之理互相產生共鳴」這個具有哲學性質的假設之下，朱熹充滿了
自信，不但對經書採取以己意解經的方式，並在必要時打破傳統的詮
釋。朱熹在對文本賦予新詮釋的同時，也賦予了儒家傳統新的意義。
因此，朱熹之後研究儒學的學者，將以朱熹的注解去讀《大學》。這
也就代表著，他對《大學》的新解將會成為正統的注解，直到帝制中
國於二十世紀初覆亡為止。

不費力地使自己的品德臻於完善。

5

《大學》譯注（據朱熹之解讀譯注）

大學章句序[1]

　　大學之書，古之大學所以教人之法也。

　　蓋自天降生民[2]，則既莫不與之以仁義禮智之性矣。[3]然其氣質[4]之稟或不能齊，是以不能皆有以知其性之所有而全之也。一有聰明睿智[5]能盡其性者出於其閒，則天必命之以為億兆之君師，[6]使之治而教

注釋中引用書籍之簡稱如下：

　　《章句》　《大學章句》　《四部備要》本（朱熹於《章句》中所作的注解，筆者皆以此簡稱表之；而筆者注釋中凡引自《章句》之引文，因皆為朱熹針對《章句》中某段經文而作的注解，故未註明頁數。）。

1　朱熹將《禮記》中的〈大學〉篇重新編次，分為經一章和傳十章兩個部分，認為經一章出自孔子之言，傳十章則出自曾子之手，並廣為注解，題《大學章句》之名於其上。筆者之《大學章句》及〈大學章句序〉英譯，皆據《四部備要》本而作。

2　「天降生民」句最早出現在楊雄（公元前 53 年-前 18 年）的《法言‧序》，見《揚子法言》，卷 13，頁 5 上，第 4 行。

3　仁義禮智乃人性共有之德，在《孟子》一書中，仁義禮智為一個貫穿《孟子》的主題思想。見《孟子》，卷 2，〈公孫丑上〉，第 6 章；卷 6，〈告子上〉，第 6 章；卷 7，〈盡心上〉，第 21 章。參照 James Legge, *Chinese Classics* II, 201-204; II, 401-403, and II, 459-460。

4　氣質（psychophysical）指的是一個人的心理特質（psychic qualities）和生理特質（material qualities），因此可理解成「心理和生理的要素」（psychophysical stuff）。

5　聰明睿智這幾個字出現在《周易‧繫辭上‧十》（《周易引得》，頁 43）和《中庸》，第 31 章，第 1 行。參照 Z. D. Sung（沈仲濤）(with Legge translation), *The Text of Yi King: Chinese Original with English Translation*, pp. 297-298，以及 Legge, *Chinese Classics* I, 428。

之，以復其性。[7]

此伏羲、神農、黃帝、堯、舜[8]所以繼天[9]立極[10]，而司徒之職[11]、典樂之官[12]所由設也。[13]

三代之隆[14]，其法寖備，然後王宮、國都以及閭巷，莫不有學。人生八歲，則自王公以下，至於庶人之子弟，皆入小學，而教之以灑掃、應對、進退之節[15]，禮樂、射御、書數之文。[16]及其十有五年，

---

6 天命之以為億兆之君師的概念，最早出自《尚書》：「天佑下民，作之君，作之師……」，見《尚書》，卷11，頁6上。參照 Legge, *Classics* III, 286: "Now Heaven, to protect the inferior people, made for them rulers and made for them instructors...." 「下民」在此處的英譯應為"the people below"（百姓）而非"the inferior people"（賤民）。

7 朱熹此處「復其性」的說法，顯然是引用李翱的〈復性書〉。馮友蘭曾指出李翱對宋代新儒學學者的影響，見 Fung Yu-lan, *History* II, 413-424。亦可參照朱熹對《論語‧學而第一》第 1 章的註解：「人性皆善，而覺有先後，後覺者必效先覺之所為，乃可以明善而復其初也。」見《論語集注》，卷 1，頁 1 上，第 4-5 行。

8 伏羲、神農、黃帝、堯、舜皆為中國傳說中的君王。

9 「繼天」一詞引自《穀梁傳》：「繼天者，君也；君之所存者，命也。」見《春秋經傳引得》，冊 1，頁 205。亦可參照《揚子法言》，卷 13，頁 5 下，第 7 行。

10 意即此五位君王建立至高無上的卓越典範（the highest point of excellence），並以之作為下民的標準；因此「極」或可解為「典範」、「標準」。「極」作「至高無上的卓越典範」解，首次出現於《尚書》：「皇建其有極，斂時五福。」見《尚書》，卷 12，頁 11 上。參照 Legge, *Chinese Classics* III, 328: "The sovereign having established his highest point of excellence, he concentrates in himself the five happinesses..."。亦可參照 Bernhard Karlgren(高本漢), "Glosses on the Book of Documents," *Bulletin of the Museum of Far Eastern Antiquities* 20: 232-233 (1948)。

11 司徒（Minister of Education）之職責詳述於《尚書》，卷 3，頁 22 上-下與卷 18，頁 4 上；並參照 Legge, *Chinese Classics* III, 44 與 III, 529。

12 典樂（Director of Music）之職責詳述於《尚書》，卷 3，頁 26 上；並參照 Legge, *Chinese Classics* III, 47-48。從《尚書》的內容可以看出，司徒和典樂的功能主要在於教化天下百姓。

13 意即這五位君王或許便能「治而教之，以復其性」。

14 即夏、商、周三代。

15 逐字之意即為「灑水掃地，應言對答，進前退後之禮」。「灑掃應對進退」此句引

則自天子之元子[17]、眾子，以至公、卿、大夫、元士[18]之適子[19]與凡民之俊秀，皆入大學[20]，而教之以窮理、正心、脩己、治人之道。[21]此又學校之教、大小之節所以分也。

　　夫以學校之設，其廣如此；教之之術，其次第節目之詳又如此，而其所以為教[22]，則又皆本之人君躬行心得之餘[23]，不待求之民生日

　　自《論語・子張第十九》，第 12 章；並參照 Legge, *Chinese Classics* I, 343。

16　傳統上稱禮、樂、射、御、書、數為「六藝」。見《周禮》，卷 19，頁 24 下；並參照 Edouard Biot(畢歐), *Le Tcheou-li*, Tome I, Livre ix, 213-214。

17　即法定繼位者。

18　元士為直屬天子管轄的高級官員。參照《禮記》：「天子三公、九卿、二十七大夫、八十一元士。」卷 11，頁 17 下。理雅各（James Legge）將「天子三公、九卿、二十七大夫、八十一元士」譯為："The son of Haven had three dukes, nine high ministers, twenty-seven Great officers, and eighty-one officers of the chief grade." 見 James Legge, *Li Ki* (*Sacred Books of the East*, XXVII), 213。

19　適子同嫡子，指正妻所生之子，相對於妾婦所生之庶子。

20　《禮記・王制》有與此相似的說法，《禮記・王制》：「王大子，王子，羣后之大子，卿、大夫、元士之適子，國之俊選，皆造焉。凡入學以齒。」見《禮記》，卷 13，頁 2 上。理雅各將《禮記・王制》的這段文字英譯為：

The eldest son of the king and his other sons, the eldest sons of all the feudal princes, the sons, by their wives proper, of the high ministers, and officers of the highest grade, and the eminent and select scholars from [all] the states, all repaired [to their instruction], entering the schools according to their years.(James Legge, *Li Ki*, 233)

21　「窮理」、「正心」、「脩己」諸詞皆見於《大學章句》；「治人」於《大學章句》中則為「治國」。

　　　此處八歲入小學，十五歲入大學的說法，則與《白虎通》的說法相同。見《白虎通德論》，卷 4，頁 16 下，第 5-7 行。至於《禮記》、《尚書大傳》及其他書籍中有關古代教育體系的理論，見諸橋轍次主編：《大漢和辭典》，卷 4，總文字第 7374（*校按：誤，應為總文字第 7473）「小」，第 176 條「小學」。

22　此處譯為"the content of the instruction"（教學的內容），而更為貼近字面意義的英譯則為"what was taken to constitute the instruction"（構成教學內容之事物）。

23　「躬行」（個人親身的體驗）一詞出自《論語・述而第七》，第 33 章。「心得」（深刻的領會）一詞出自《周易・謙・六二》，見《周易引得》，頁 11。將「躬行」和「心得」二詞並用之書則為《孟子》，見《孟子・梁惠王上》，第 7 章；並參照

用彝倫[24]之外，是以當世之人無不學。其學焉者，無不有以知其性分之所固有[25]，職分之所當為，而各俛焉以盡其力。此古昔盛時所以治隆於上，俗美於下，而非後世之所能及也。

及周之衰，賢聖之君不作，[26]學校之政不脩，教化陵夷，風俗積敗，時則有若孔子之聖，而不得君師之位，以行其政教，於是獨取先王之法，誦而傳之，以詔後世。

若曲禮、少儀、內則[27]、弟子職[28]諸篇，固小學[29]之支流餘裔[30]，而此篇者（〈大學〉），則因小學之成功，以著大學之明法，外有以極其規模之大，而內有以盡其節目之詳者也。

三千之徒[31]，蓋莫不聞其說，而曾氏[32]之傳，獨得其宗，於是作

Legge, *Chinese Classics* II, 141。

24 彝倫（正確行為之則）一詞出自《尚書》，卷 12，頁 2 上；並參照 Legge, *Chinese Classics* III, 320 及其後各頁。

25 即仁、義、禮、智。關於「固有」一詞，見《孟子・告子上》第 6 章：「仁、義、禮、智，非由外鑠我也，我固有之也。」劉殿爵（D. C. Lau）將《孟子》此句英譯為："Benevolence, dutifulness, observance of the rites, and wisdom are not welded onto me from the outside; they are in me originally." 見 D. C. Lau, *Mencius*, p.173（*校按：誤，應在 p.163）。

26 參照《孟子・公孫丑上》第 2 章（*校按：誤，應在第 1 章）：「聖賢之君六七作。」理雅各將《孟子・公孫丑上》此句英譯為："...there had appeared six or seven worthy and sage sovereigns." 見 Legge, *Chinese Classics* II, 182。

27 〈曲禮〉在《禮記》中由上、下兩篇所組成，〈少儀〉為《禮記》第 17 篇，〈內則〉為《禮記》第 12 篇。

28 〈弟子職〉為《管子》第 59 篇。

29 朱熹懷疑歷史上曾有一整部關於「小學」之教的書，但因此書流傳的年代既久，故而在流傳的過程中淪為斷簡殘編；見《文集・題小學》，卷 76，頁 21 上，第 3-10 行。另外，此處所提及的各篇章，部分內容選入了一部名為《小學》的書。此《小學》之書為劉清之（1130-1195）在朱熹的指導下編纂而成。

30 「支流餘裔」從字面上解釋，即為「分支末流」之義。

31 孔子弟子蓋三千焉之說出自《史記・孔子世家》：「孔子以詩書禮樂，教弟子蓋三千焉。」（*校按：此為作者所斷之句，然依作者所據之《史記會注考證》本，斷

為傳義，以發其意。及孟子沒，而其傳泯焉[33]，則其書雖存，而知者鮮矣！自是以來，俗儒記誦[34]詞章[35]之習，其功倍於小學而無用；異端虛無[36]寂滅[37]之教，其高過於大學而無實。其它權謀術數，一切以就功名之說，與夫百家眾技之流[38]，所以惑世誣民、充塞仁義者[39]，

句應作「孔子以詩書禮樂教，弟子蓋三千焉。」）見《史記》，卷 47，頁 75。E. Chavannes 將《史記》此語譯為："K'ong-tse prenait pour matière de son enseignment le *Che* (Les Poésies), le *Chou* (les Documents historiques), les *Rites* et la *Musique*. Ses disciples doivent avoir été au nombre de trios mille."見 E. Chavannes, *Les Mémoires historiques de Se-ma Ts'ien,* Tome V, Chapitre XLVII, p. 403。

32　有關孔子這位弟子的傳略，見 H. A. Giles(翟理斯), *A Chinese Biographical Dictionary* (《中國人名大字典》), pp. 768-769, no.2022。

33　此說為韓愈的觀點，而朱熹從之。韓愈在〈原道〉一文中認為道的傳承隨著孟子的死亡而終止。見《昌黎先生文集》，卷 11，頁 3 下。

34　自唐以來，記誦一直為科舉制度中極為重要的一環；參照《宋史》，卷 155，頁 3 下，第 1-2 行。朱熹此處似乎是在批評傳統的儒者或俗儒，耗費太多時間和精力在記誦這件簡單容易的事情上，其目的僅是為了要求得一官半職。

35　詞章在科舉制度中也是極為重要的一部分；此外，這或許指的是隋、唐、宋三代儒者的美學主義觀（aestheticism）太過強烈，意即他們對純文學方面太過重視。

36　此為道家學說。早從《史記》開始，便以「虛無」一詞來描述道家之術。《史記‧太史公自序》：「其術以虛無為本，以因循為用。」見《史記》，卷 130，頁 12-13。Burton Watson(華茲生)將《史記》此語譯作："Its teaching takes emptiness and inaction as its basis, and compliance and accordance [with nature and the times] as its practice."見 Burton Watson, *Ssu-ma Ch'ien: Grand Historian of China*, p. 47。

37　「寂滅」即「涅槃」，朱熹此處用以指稱佛教。有關「寂滅」一詞，見 William Edward Soothill(蘇慧廉), *A Dictionary of Chinese Buddhist Terms*, p. 348。

38　例如占卜、風水地理學（geomancy）、面相學（physiognomy）、兵法（military science）等等。

39　「惑世誣民、充塞仁義」句與《孟子‧滕文公下》第 9 章中的一段話相似。《孟子‧滕文公下》第 9 章記載孟子於論及楊朱和墨翟時云：「楊墨之道不息，孔子之道不著，是邪說誣民，充塞仁義也。」理雅各將《孟子‧滕文公下》此段話譯作："If the principles of Yang and Mo be not stopped, and the principles of Confucius not set forth, then those perverse speakings will delude the people, and stop up [the path] of benevolence and righteousness."見 Legge, *Chinese Classics* II, 283。

又紛然雜出乎其間。使其君子不幸而不得聞大道之要，其小人不幸而不得蒙至治[40]之澤，晦盲否塞，反覆沈痼[41]，以及五季之衰，而壞亂極矣！

天運循環，無往不復。[42]宋德隆盛，治教休明。於是河南程氏兩夫子[43]出，而有以接乎孟氏之傳，實始尊信此篇而表章之。[44]既又為之次其簡編[45]，發其歸趣，然後古者大學教人之法，聖經賢傳[46]之指，粲然復明於世。雖以熹之不敏，亦幸私淑[47]（於二程兄弟之門人及著作）而與有聞（儒家傳統）焉。

40　「至治」（最完善美好的政府政治）一詞出自《尚書》，卷 18，頁 10 下，並參照 Legge, *Chinese Classics* III, 539。

41　「晦盲否塞，反覆沈痼」句與《參同契》中的用語極為相似。《參同契》為道家之書，據稱是魏伯陽作於公元 142 年。事實上，朱熹撰作了一部關於《參同契》的研究著作，名為《周易參同契考異》，因此，無疑地，他對《參同契》一書的內容和用語極為精熟。在《參同契》中有四個字特別值得參看，即「昧冥否塞」這四個字，見魏伯陽：《參同契正文》，頁 18。

42　「無往不復」一詞出自《周易・泰・九三》，見《周易引得》，頁 9；並參照 Sung, *Yi King*, p. 57。

43　河南程氏兩夫子即程顥（1032-1085）和程頤（1033-1107）兩兄弟。

44　此處指二程兄弟從司馬光之例，將《禮記》中的〈大學〉篇獨立出來，並視之為一部獨立之作；此外，他二人也首開以《大學》授其弟子之先河，使《大學》成為「初學入德之門」。此處有一點值得注意，即朱熹此處並未提及司馬光。

45　古代將竹簡以繩繫之，編綴成冊，即為簡編。據二程兄弟與朱熹之說，《禮記》中〈大學〉篇的竹簡早已失其原次。

46　「聖經」即孔子的經一章，由曾子傳之，「賢傳」即曾子的傳十章，由曾子門人記之。

47　孟子以私淑一詞來描述自己與孔子的關係。《孟子・離婁下》第 22 章：「予未得為孔子之徒也，予私淑諸人也。」並參照劉殿爵對此語的英譯："I have not had the good fortune to have been a disciple of Confucius. I have learned indirectly from him through others." 見 Lau, *Mencius*, p. 132。朱熹此處亦用私淑一詞，似乎是暗指自己與二程兄弟的關係，就像是孟子與孔子的關係；也就是他同樣地無法親受二程子之教，但藉由二程子的門人及著作，才得以學習二程子之學。

顧其為書，猶頗放失，是以忘其固陋，采而輯之[48]，閒亦竊附己意，補其闕略，以俟後之君子（批評）。極知僭踰，無所逃罪，然於國家化民成俗之意，學者脩己治人之方，則未必無小補云。

淳熙己酉二月甲子（1189年2月20日），新安朱熹序。

大學

子[49]程子[50]曰：「大學，孔氏之遺書，而初學入德之門也。於今可見古人為學次第者，獨賴此篇之存，而論、孟次之。學者必由是而學焉，則庶乎其不差矣。」[51]

---

48 「采而輯之」從字面上解釋，即為「蒐集編纂」之義。

49 此處「子」置於姓氏之前，可以看出朱熹視二程兄弟為師。這種將「子」置於己師姓氏之前的寫作方式，最早的說明出現在何休對《公羊傳》的注解中。見《公羊傳》，卷 3，頁 7 下（*校按：誤，應在頁 17 上。何休注「子沈子」曰：「子沈子，後師（「後」據阮校當作「己」）。……沈子稱子冠氏上者，著其為師也。不但言子曰者，辟孔子也。其不冠子者，他師也。」）。

　　筆者在著手進行此《大學》之英譯工作時，下列諸譯本使筆者獲益良多：島田虔次：《大學‧中庸》；山下龍二：《大學‧中庸》；赤塚忠：《大學‧中庸》；諸橋轍次：《大學‧中庸》；理雅各：《大學》，《中國經典》，第一冊（James Legge, *The Great Learning*, Vol. I of *The Chinese Classics*）。此外，筆者亦參考了許多其他現有的日文、中文及英文的《大學》譯本。

50 以下程子之言改寫自《河南程氏遺書》中兩段個別的論述。《河南程氏遺書》為二程兄弟的語錄，其語由二程多位門人所記，其則由朱熹編纂而成。從《遺書》的原文觀之，第一段論述為程顥之言，見《遺書》，頁 18；第二段論述則為程頤之語，見《遺書》，頁 303。因此，在這樣的情形下，筆者將「子程子」翻譯成複數（the masters Ch'eng-tzu），用以代表二程兄弟。筆者在這裏不妨提一下，朱熹經常在著作中以「程子」稱二程兄弟，但並非毫無例外。有關《遺書》的討論，見 Ts'ai, *The Philosophy of Ch'eng I*, pp. 29-37 與 Graham, pp. 141-142。

51 此段以斜體字（*校按：此段原書以英文斜體字排印，然斜體字不適於中文閱讀，故以普遍之楷體字代之）示之，用以表示此為朱熹所論之言。然而朱熹此段所論之言與他對《大學》的注解，實際上應作區隔，因為傳統上早已將朱熹此段所論

1. 大學[52]之道，在明明德[53]，在親民[54]，在止於至善。[55]

之言視為經的一部分。同樣地，朱熹於每章傳末所論之言，加上他增補的〈傳〉之五章，實際上也已成為《大學》文本的一部份。因此，筆者將朱熹這些所論之言納入英譯的範圍中，並在英譯的過程中將朱熹每段所論之言以斜體字示之。

[52] 「大學」一詞究竟指的是廣大或廣博之學、聖人之學還是大人之學，從各家的注解觀之，仍是個尚未解決的問題。在《禮記注疏》中，鄭玄注和孔穎達疏都將〈大學〉篇的「大學」解為廣大或廣博之學；王陽明則解「大學」為聖人之學；朱熹則解「大學」為大人之學。朱熹於他的《大學》注（以下皆簡稱為《章句》）中云：「大學者，大人之學也（learning for adults）。」此外，朱熹也於他另一部極為重要的著作《大學或問》中，一開始便云：「或問：大學之道，吾子以為大人之學，何也？」曰：「此對小子之學（learning for children）言之也。」見《大學或問》，頁 1 上。另外，朱熹於公元 1194 年為皇帝進講《大學》時（進講的講義內容收錄於《文集》，卷 15，頁 1 上-20 下），詳盡地解釋了〈大學〉篇的篇題之義。朱熹云：

大學者，大人之學也。古之為教者，有小子之學，有大人之學。小子之學，灑掃、應對、進退之節，詩、書、禮、樂、射、御、書、數之文是也。大人之學，窮理、脩身、齊家、治國、平天下之道是也。此篇所記，皆大人之學，故以大學名之。

另外他也在〈大學章句序〉中，清楚有力地表達了自己對古代教育體制的看法，並在〈大學章句序〉中再次地將「大學」稱作「大人之學」。因此，筆者將「小學」英譯為"lesser learning"，意即孩童所學習的課程，其內容多為基本科目；將「大學」英譯為"greater learning"，意即大人所學習的課程，其內容則較為精深。

[53] 朱熹於《章句》中論「明德」云：

明德（inborn luminous Virtue）者，人之所得乎天而虛靈不昧，以具眾理而應萬事者也。但為氣稟所拘，人欲所蔽，則有時而昏。然其本體之明，則有未嘗息者，故學者當因其所發而遂明之，以復其初也。

陳榮捷認為朱熹此段之言與佛家用語有著相似之處。見 Chan, *Source Book*, p. 674, note 61。關於朱熹對「明德」一詞的理解，見本書第四章的討論。

此句的第一個「明」字為動詞，有的人將此「明」字英譯為"to keep bright"（保持明亮），並將「明明德」整句英譯為 "to keep the inborn luminous Virtue bright"（使己之天賦明德保持明亮）。不過 "to keep bright"（保持明亮）這樣的譯法無法表現出朱熹在此所想要表達的哲學論點。因為天賦之「明德」，人皆有之，而且此「明德」原有之明亮或光亮從未失之，因此應該要說此「明德」原有之明亮只是被人欲和氣所掩蔽。所以一個人不是要努力地使己之天賦明德保持明亮（to keep the Virtue bright），而是要盡全力地保持己之天賦明德不被掩蔽（to keep it

2. 知止[56]而后有定，定而后能靜，靜而后能安，安而后能慮，慮而后能得。[57]

3. 物有本末[58]，事有終始[59]，知所先後，則近道矣。[60]

4. 古之欲明明德於天下者[61]，先治其國；欲治其國者，先齊其家；欲齊

---

unobscured）。

54 朱子於《章句》中注「親」字云：「程子曰：『親（to love），當作新（to renew）。』」程子「親」當作「新」的說法，為程頤在其《大學》改本中所提出，見《河南程氏經說》，卷 5，頁 3 上，〈伊川先生改正大學〉，第 2 行。在朱熹的著作中，未能見到有任何在歷史上可將「親」改作「新」的訓解根據；另外，在《或問》中，朱熹被問到程子「親」改作「新」是否有所根據時，他表示從前後文觀之，「親民」難以符合文義，但若以曾子傳文考之，則另一說法「新民」較為符合文義。見《或問》，頁 11 上-下。朱熹於《章句》中進一步表示：「新者，革其舊之謂也，言既自明其明德，又當推以及人，使之亦有以去其『舊染之污』也。」朱熹此處所要表達的觀念即己身之天賦明德一旦養成，也就是不使己身之天賦明德為人欲及氣所蔽，便可回到己身初始完美的狀態，並能推己之善於他人，使他人亦能如己身般地臻於完美。朱熹此處所用的「舊染之污」出自《尚書》「舊染汙俗，咸與惟新」，見《尚書》，卷 7，頁 13 上。參照理雅各對《尚書》此語的英譯："...those who have long been stained by filthy manners will be allowed to renovate themselves." 見 Legge, *Chinese Classics* III, 168-179（*校按：誤，應在 168-169）。

55 朱子《章句》注云：「言明明德、新民，皆當至於至善之地而不遷。」雖然朱熹在此注中也表示「此三者，大學之綱領也」，然而從朱熹對「止於至善」的理解中可以很清楚地知道，朱熹並不將「止於至善」理解為一個人必須竭力從事的第三項個別之事，而是將「止於至善」當作是一個人該如何進行「明明德」和「新民」這前兩項綱領的敘述語句。亦見《語類》，卷 14，頁 21 下-22 上。

56 朱熹《章句》注云：「止者，所當止之地，即至善之所在。」

57 朱熹《章句》注云：「得，謂得其所止。」

58 朱熹《章句》注云：「明德為本，新民為末。」

59 朱熹《章句》注云：「知止為始，能得為終。」

60 朱熹《章句》注此段經文云：「此結上文兩節之意。」

61 朱熹《章句》注云：「明明德於天下者，使天下之人皆有以明其明德也。」朱熹此解與傳統《禮記・大學》中的孔（穎達）疏不同，見《禮記注疏》，卷 60，頁 4 上（*校按：孔疏云：「古之欲明明德於天下者，前章言大學之道在明德、親民、止

其家者，先修其身；欲修其身者，先正其心；欲正其心者，先誠其
意[62]；欲誠其意者，先致其知[63]；致知在格物。[64]

5. 物格而后知至，知至而后意誠，意誠而后心正[65]，心正而后身脩，身

善，覆說止善之事旣畢，故此經明明德之理。」）；理雅各將此句經文譯作"to
illustrate illustrious virtue throughout the kingdom"（明明德之理於天下），即是根據
孔穎達的觀點而譯。見 Legge, *Chinese Classics* I, 357。

　　朱熹認為凡是能保持天賦之明德者，會將己身之德推及他人，從而使他人自
新，如此他人或許也可以保持己身之明德。朱熹於《大學或問》中云：
所謂明明德於天下者，自明其明德而推以新民，使天下之人皆有以明其明德也。
人皆有以明其明德，則各誠其意，各正其心，各脩其身，各親其親，各長其長，
而天下無不平矣。（頁 13 下）
因此，朱熹對此句經文的詮釋，是包含著三綱領的前兩項「明明德」與「新民」
來說解的。按照朱熹的說法，這樣的做法便可一步步地達至天下太平，而這樣的
結果，與下段經文八條目中最後一條的「天下平」是一致的。

62 朱熹《章句》注云：「誠，實也。」

63 朱熹《章句》注云：「致，推極也；知，猶識也。推極吾之知識，欲其所知無不盡
也。」

64 朱熹《章句》注云：「格，至也；物，猶事也。窮至事物之理，欲其極處無不到
也。」此句的「在」（lies in）字，朱熹認為用以代表格物與致知兩者之間的先後
關係極為緊密。因為「物才格，則知已至」，所以才用「在」這個字。在此段經文
中，其他條目彼此之間存有先後順序的關係，但格物與致知不同，兩者在時間的
先後順序上，是極為接近的，沒有明顯的先後差別。朱熹對此「在」字的論述，
見《語類》，卷 15，頁 27 上。
　　《章句》此處朱熹亦注云：「此八者，大學之條目也。」

65 筆者此節經文的英譯，只有此二句是用"may"（可能）來翻譯的（*校按：二句即
「知至而後意誠，意誠而後心正」，作者將此二句英譯為："Knowledge being
complete, thoughts may become true; thoughts being true, the mind may become set in
the right."），因為朱熹在《章句》中為這節經文作注時，只有為這兩句作整句的
注解，清楚地表明了他對這兩句的理解是與此段經文中其他句子不同的。朱熹注
此二句云：「知既盡，則意可得而實矣；意既實，則心可得而正矣。」朱熹何以如
此注此二句？胡炳文（1250-1333）有詳盡的說明。胡炳文認為朱熹是為了要強
調，在這一個個的條目中，人不會從一個條目就自動進展到下一個條目，而是必
須自始至終努力不懈。胡炳文的說明見《四書大全》，頁 14 下。另外，亦可參照
朱熹在《大學》〈傳〉第 6 章末及第 7 章末的論述。他在〈傳〉第 6 章末及第 7 章

脩而后家齊，家齊而后國治，國治而后天下平。[66]

6. 自天子以至於庶人，壹是[67]皆以脩身為本。

7. 其本[68]亂而末治者否矣；其所厚者[69]薄，而其所薄者厚，未之有也。

> 右經一章，蓋孔子之言，而曾子述之。其傳十章，則曾子之意
> 而門人記之也。舊本頗有錯簡，今因程子所定，而更考經文，
> 別為序次如左。[*]

末，頗為詳細地說明從致知到誠意，從誠意到正心的過程，必須要嚴格要求自己不斷地努力，否則未必會依這樣的過程進展。此外，朱熹主張與此相似的另一例子，即為「正心」和「修身」之間的關係。見《語類》，卷 16，頁 38 下與《或問》，頁 56 下。雖然筆者也可以繼續以"may"這個字翻譯此段，但因為朱熹《章句》此段的注解，只專用於「知至而後意誠，意誠而後心正」這兩句，故筆者決定此段譯文只有這兩句用"may"這個字翻譯。

另外，此段為排比的句法結構，但朱熹在注釋時並未用前後一致的方式作注，而朱熹也對此為自己提出了部分的辯護：

大學言「物格而后知至，止天下平。」聖人說得寬，不說道能此即能彼，亦不說道能此而後可學彼。只是如此寬說，後面逐段節節更說，只待人自看得如何。（《語類》，卷 15，頁 27 下-28 上）

66 朱熹於《章句》此段注解將八條目作以下區分：「脩身以上（正心、誠意、致知、格物），明明德之事也；齊家以下（治國、平天下），新民之事也。」

67 朱熹《章句》注云：「壹是，一切也。」此義和下面的「皆」字之義相近。

68 朱熹《章句》注云：「本，謂身也。」《或問》解之云：「以身對天下國家而言，則身為本而天下國家為末。」見《或問》，頁 17 上。

69 朱熹《章句》注云：「所厚，謂家也。」《或問》解之云：「以家對國與天下而言，則其理雖未嘗不一，然其厚薄之分亦不容無等差矣。」見《或問》，頁 17 上-下。

* 校按：朱熹《大學章句》原為直印，故言左右，然在本譯文中，凡右皆上，凡左皆下，請讀者察之。

第一章

1. 康誥[70]曰：「克明德。」[71]
2. 大甲[72]曰：「顧[73]諟天之明命。」[74]
3. 帝典[75]曰：「克明峻德。」[76]
4. 皆自明也。[77]

　　　右（為曾子）傳之首章，釋明明德。

---

70 〈康誥〉，《尚書‧周書》之篇。

71 《尚書》，卷 14，頁 3 上；參照 Legge, *Chinese Classics* III, 383 與 Bernhard Karlgren(高本漢), *The Book of Documents*, p. 39。

72 〈大甲〉，《尚書‧商書》之篇。

73 朱熹《章句》注云：「顧，謂常目在之也。」

74 此節文字出自《尚書》，卷 8，頁 18 上；參照 Legge, *Chinese Classics* III, 199。朱熹將此句的「明命」與「明德」等同視之，並云：「自人受之，喚做『明德』；自天言之，喚做『明命』。」（《語類》，卷 16，頁 1 上）。《章句》注此句云：「天之明命，即天之所以與我，而我之所以為德者也。常目在之，則無時不明矣。」亦見《語類》與《四書大全》中所引之朱熹語：「蓋天之所以與我，便是明命；我之所得以為性者，便是明德。」見《語類》，卷 16，頁 4 上與《四書大全》，頁 20 下-21 上。因此，「明命」與「明德」雖為兩個相異的觀點，但對朱熹而言，只不過是同一個概念而已。另外，據朱熹之說，人受自天之明命即為明德，只要他不斷地對己之明德加以省察，則己之明德便不會為人欲所干擾。見《或問》，頁 21 上-下。因此，筆者據朱熹之說，將「天之明命」譯為 "heaven-given luminous Virtue"（人受自天之天賦明德），而非 "the luminous decree of heaven"（光明的天命），如此比較符合中文字面上的意思。

75 朱熹《章句》注云：「帝典，堯典，（《尚書》之）虞書。」

76 《尚書》，卷 2，頁 7 下；Karlgren, *Documents*, p. 1（筆者之譯文乃據此譯文修改而成）。參照 Legge, *Chinese Classics* III, 17。

77 朱熹《章句》注云：「結所引書，（這幾節傳文）皆言自明己德之意。」

第二章

1. 湯之盤銘曰：「苟日新，日日新，又日新。」[78]

2. 康誥曰：「作[79]新民。」[80]

3. 詩曰：「周雖舊邦，其命維新。」[81]

4. 是故君子無所不用其極。[82]

　　　右（為曾子）傳之二章，釋新民。

第三章

1. 詩云：「邦畿千里，惟民所止。」[83]

---

[78] 朱熹《章句》注云：

　　湯以人之洗濯其心以去惡，如沐浴其身以去垢。故銘其盤，言誠能一日有以滌其舊染之污而自新，則當因其已新者而日日新之，又日新之，不可略有間斷也。

　　有關這段銘文更為詳細的討論，以及洗濯其心與沐浴其身之間的相似之處，見《或問》，頁 22 下-23 下。另外，朱熹亦云一個人在能新民之前，必須要先能自新，也就是說，一個人必須先能明明德。見《語類》，卷 16，頁 4 下。

[79] 朱熹《章句》注云：「鼓之舞之之謂作。」

[80] 見《尚書》，卷 14，頁 5 下；參照 Legge, *Chinese Classics* III, 388 以及 Karlgren, *Documents*, p. 40。朱熹於《章句》注中說明他對這句話的理解：「（此節）言振起其自新之民也。」此外，朱熹亦言自新乃以身作則，使他人感之而效法之。見《語類》，卷 16，頁 4 下-5 上。

[81] 見《詩經・大雅・文王》，第 1 章；參照 Bernard Karlgren, *The Book of Odes*, p. 185 以及 Legge, *Chinese Classics* IV, 427。朱熹《章句》注此節云：「言周國雖舊，至於文王，能新其德以及於民，而始受天命也。」另外，據《語類》及《或問》中朱熹之說，天命之新乃自新而後新民的自然結果。見《語類》，卷 16，頁 5 上與《或問》，頁 25 下-26 上。

[82] 朱熹《章句》注云：「自新、新民，皆欲止於至善也。」

[83] 見《詩經・商頌・玄鳥》，第 4 章；Legge, *Chinese Classics* IV, 637（筆者之譯文乃據此譯文略作修改而成）；參照 Karlgren, *Odes*, p. 263。據朱熹《章句》注，此節「言物各有所當止之處也。」

2. 詩云：「緡蠻[84]黃鳥，止於丘隅。」[85]子曰：「於止，知其所止，可以人而不如鳥乎！」[86]

3. 詩云：「穆穆文王，於緝熙敬止！」[87]為人君，止於仁；為人臣，止

---

84 朱熹《章句》注云：「緡蠻，鳥聲」。

85 見《詩經・小雅・緜蠻》，第 2 章；參照 Legge, *Chinese Classics* IV, 418（*校按：誤，應在 419）及 Karlgren, *Odes*, p. 182。朱熹《章句》注云：「丘隅，岑蔚之處。」

86 朱熹《章句》注云：「子曰以下，孔子說詩之辭。言人當知所當止之處（即至善）也。」

87 《詩經・大雅・文王》，第 4 章；參照 Legge, *Chinese Classics* IV, 429 以及 Karlgren, *Odes*, p. 186。在《或問》中，朱熹詳盡地解釋了《詩經》「緝熙敬止」句。朱熹云：但眾人類爲氣稟物欲之所昏，故不能常敬而失其所止（筆者按：即至善）。唯聖人之心，表裏洞然，無有一毫之蔽，故連續光明，自無不敬，而所止者，莫非至善。（《或問》，頁 27 上）
除了此說之外，朱熹亦於《章句》中注云：「敬止，言其無不敬而安所止也。」朱熹雖將此處的「敬」理解為「專心致志、盡心竭力」（deeply attentive）之意，可是在其他的文句中，例如下一句，他便將「敬」理解為常用的「恭敬」（reverence）之意。關於「敬」字之所以會有不同方面的詞義用法，Graham(葛瑞漢)做出了以下的解釋：……「敬」舊有的詞義用法，我們可以在《論語》中找到例子。孔子用「敬」表示一個人對父母、國君和鬼神應有的態度。這樣的用法在詞義上既有恭敬之情，亦為一種泰然自持（self-possession）、專心致志（attentiveness）、全神貫注（concentration）的狀態。「敬」一般被譯為"respect"（尊敬）或"reverence"（恭敬），但在《論語》的某些篇章中，「敬」實際上還有另一方面更為顯著的重要詞義……。（*校按：Graham 接著舉《論語・衛靈公第十五》第 37 章「事君敬其事而後其食」為例，將此句譯為"In serving one's lord, be attentive to (ching) the duty rather than the salary." 從 Graham 的譯文中，可以看到他將「敬」譯作"be attentive to"〔專心致志、盡心竭力〕，也就是他所言另一方面更為顯著的重要意義。）
泰然自持、全神貫注、不敷衍塞責、不分散心思，這些被認為是對父母和鬼神應有的態度，二程認為這證明了「心一」（the unity of mind）的狀態並不是像道家和佛家所主張的，只能在沈思冥想的過程中維持，而是無論在做任何事的過程中也可以維持。人在處於「心一」的狀態時，是完全地泰然自持。二程認為一個人無論何時都應該要保持在「心一」的狀態之中，雖然一般人只有在遇到必須全神貫注的特定時機時，才能達到「心一」的狀態。因此，「敬」的詞義在二程及其後

於敬；為人子，止於孝；為人父，止於慈；與國人交，止於信。[88]

4. 詩云：「瞻彼淇澳，菉竹猗猗。有斐君子，如切如磋，如琢如磨。瑟兮僴兮，赫兮喧兮。有斐君子，終不可諠兮。」[89]如切如磋者，道[90]學也；如琢如磨者，自脩也；[91]瑟兮僴兮者，恂慄也；[92]赫兮喧兮

學的用法上，不能譯為 "reverence"。……「敬」字在這兩方面的詞義上，是相互依存的；假若一個人能專心致志，盡心竭力地去對待某人或某事，則代表著此人非常敬重某人或看重某事；而如果一個人能敬重他人，則代表著此人能泰然自持，專心致志。但英文中沒有任何一個詞可以包含這兩方面的詞義，唯一的方法似乎只能用 "reverence" 表達其中一方面的詞義，而另一方面的詞義只好再另選一詞來表達。……（頁 68-69）（*譯按：Graham 表示之後要將「敬」譯為 "composure"〔泰然自持〕，用以強調「敬」第二個方面的意義。）

另外，陳榮捷也曾以上述相似的方式，對「敬」這兩方面的詞義進行討論，可參照 Chan, *Reflections on Things at Hand*, pp. 361-362。從《或問》和《章句》中朱熹所言的內容可以看出，朱熹清楚地表明他將此處的「敬」理解為專心致志的內在精神狀態。

至於「止」這個字，朱熹相信《詩經・文王》中的「止」，原先只是個無義的語末助詞；但據朱熹之言，古人經常引《詩》斷章，其目的只是為了要藉此章之詩以明己意，而這樣的做法未必能與本文之義一致。見《或問》，頁 27 上-下。因此，「止」在《大學》中已不再是像《詩經・文王》中那般只是個語尾助詞，而是有著「安所止」的實質意義，同時這「安所止」的實質意義確實改變了這整句話的要旨。

88 朱熹《章句》注云：「引此而言聖人之止，無非至善。」

89 《詩經・衛風・淇奧》，第 1 章；Legge, *Chinese Classics* IV, 91（筆者之譯文乃據此譯文修改而成）。亦可參照 Karlgren, *Odes*, p. 37。此詩為讚美衛武公之詩，見 Legge, *Chinese Classics* IV, 頁 91 下方的注解。

90 朱熹《章句》注云：「道，言也。」

91 此處將「修身」比喻成治骨角與治玉石。朱熹《章句》注云：
切以刀鋸，琢以椎鑿，皆裁物使成形質也。磋以鑢鐋，磨以沙石，皆治物使其滑澤也。治骨角者，既切而復磋之；治玉石者，既琢而復磨之，皆言其治之有緒，而益致其精也。
此外，朱熹亦曰：「既切而復磋之，既琢而復磨之，方止於至善。不然，雖（止於）善非至（善）也。」見《語類》，卷 16，頁 6 上。《章句》和《語類》這兩段話所要表達的觀念是，「切而不磋，亦未到至善處；琢而不磨，亦未到至善處」。

者，威儀也；[93]有斐君子，終不可誼兮者，道盛德至善，民之不能忘也。[94]

5. 詩云：「於戲！前王[95]不忘！」[96]君子[97]賢其賢而親其親，小人樂其樂而利其利[98]，此以沒世不忘也。[99]

見《語類》，卷16，頁7上。

92 朱熹《章句》注云：「瑟，嚴密之貌；僩，武毅之貌。……恂慄，戰懼也。」嚴密武毅之貌和戰懼之感兩者間似有矛盾，而朱熹對此看似矛盾的說法解釋道：「人而懷戰懼之心，則必齋莊嚴肅，又烏可犯？」見《語類》，卷16，頁6下，第10-11行。

93 據朱熹之說，「恂慄者，嚴敬之存乎中也；威儀者，輝光之著乎外也。」見《或問》，頁29上。

94 朱熹《章句》注云：「引詩而釋之，以明明明德者之止於至善。」

95 朱熹《章句》注云：「前王，謂文、武也。」

96 《詩經‧周頌‧烈文》，第3章；Legge, *Chinese Classics* IV, 573。亦可參照 Karlgren, *Odes*, p.241。

97 據朱熹之言，此處的君子指的是兼具道德和政治兩方面的領導者。朱熹《章句》注云：「君子，謂其後賢後王。」

98 孔穎達對此二句有不同的詮解。孔《疏》云：
言君子皆美此前王能賢其賢人而親其族親也。……言後世卑賤小人，美此前王能愛樂其所樂……民為利者，前王亦利益之。（《禮記注疏》，卷60，頁6上）
　　另外，《大學纂疏》引朱子之言：「親、賢、樂、利，上四字皆自後人而言，下四字或指前王之身，或指前王之澤。」見《大學纂疏》，頁39下。根據朱熹的看法，此二句的四個「其」字顯然都是指前王，而朱熹此說也為蔡虛齋（1453-1508）所強調。蔡虛齋之論見安部井帽山：《四書訓蒙輯疏》，卷1，頁27下。
　　此外，朱熹對此二句另有更為完整的理解和說法。朱熹云：
問「（後世）君子賢其賢而親其親」。曰：「如孔子仰文、武之德，是『賢其賢』；成（王）、康（王）以後，思其（筆者按：即文王與武王）恩而保其基緒，便是『親其親』。」（《語類》，卷16，頁7下，第1-2行）
　　然而，筆者在此應當指出，在《語類》中朱熹對此二句另有不同的理解。朱熹云：「『（後世）君子賢其賢』……豈非賢其所賢乎！『親其親』……豈非親其所親乎！」見《語類》，卷16，頁7上。朱熹在這段話中，將「賢其賢」理解為「賢其所賢」之意，將「親其親」理解為「親其所親」之意。不過，朱熹的這個觀點在其著作中極為罕見；既然如此，筆者在英譯此二句時，則不採朱熹此極為罕見

右（為曾子）傳之三章，釋止於至善。

第四章

1. 子曰：「聽訟，吾猶人也；¹⁰⁰必也使無訟乎！」¹⁰¹無情者不得盡其辭，大畏民志；¹⁰²此謂知本。¹⁰³

右（為曾子）傳之四章，釋本末。

的觀點，而是根據另一個，也就是前述朱熹對此二句的觀點。山下龍二、赤塚忠和島田虔次在將朱熹對《大學》的解讀譯為日文時，三位學者對此二句的理解則與筆者相同。

另外，朱熹對此二句的兩種詮釋，蔡虛齋有饒富興味的論述，見蔡虛齋：《四書蒙引》，卷2，頁11下-12下。

99 朱熹《章句》注云：

此言前王所以新民者止於至善，能使天下後世無一物不得其所，所以既沒世而人思慕之，愈久而不忘也。

100 朱熹《章句》注云：「猶人，不異於人也。」

101 《論語・顏淵第十二》，第 13 章；參照 Legge, *Chinese Classics* I, 257 與 Arthur Waley, *The Analects of Confucius*, p. 167。

102 朱熹《章句》注云：

引夫子之言，而言聖人能使無實之人不敢盡其虛誕之辭。蓋我之明德既明，自然有以畏服民之心志，故訟不待聽而自無也。

此外，朱熹亦云：

「無情者不得盡其辭」，便是說那無訟之由。然惟先有以服其心志，所以能使之不得盡其虛誕之辭。（《語類》，卷16，頁8上，第5-6行）

亦見《或問》，頁30下-31上。

103 據《語類》中朱熹之言：「『使他無訟』，在我之事，『本』也。恁地看，此所以『聽訟』為『末』。」（卷16，頁8上，第4行）朱熹將此處的「本」定義為「使他無訟」，也就是說，朱熹認為一個人若要有「使他無訟」的能力，最終仍得仰賴個人之明明德，因為這樣便能「自然有以畏服民之心志，故訟不待聽而自無也」。這和朱熹在〈經〉第三段的注解「明德為本」是一致的（見註58）。

第五章

1. 此謂知本。[104]
2. 此謂知之至也。[105]

　　　右（為曾子）傳之五章，蓋釋格物、致知之義，而今亡矣。閒
　　嘗竊取程子之意以補之，曰：「所謂致知在格物者，言欲致吾之
　　知，在即物而窮其理也。蓋人心之靈，莫不有知，而天下之
　　物，莫不有理；惟於理有未窮，故其知有不盡也。是以大學始
　　教，必使學者即凡天下之物，莫不因其已知之理而益窮之，以
　　求至乎其極。至於用力之久，而一旦豁然貫通焉，則眾物之表
　　裏精粗無不到，而吾心之全體大用無不明矣。此謂物格，此謂
　　知之至也。」

第六章

1. 所謂誠其意者，毋自欺也[106]，如惡惡臭，如好好色[107]，此之謂自

---

104 朱熹《章句》注云：「程子曰：『衍文也。』」程頤此論見《河南程氏經說》，卷
　　5，頁3下，第6行。

105 朱熹《章句》注云：「此句之上，別有闕文，此特其結語耳。」

106 朱熹《章句》注云：「自欺云者，知為善以去惡，而心（即「意」）之所發有未實
　　也。」此外，在《語類》中，朱熹釋「自欺」之義云：「譬如一塊物，外面是
　　銀，裏面是鐵，便是自欺。須是表裏如一，便是不自欺。」另又云：「外面雖為
　　善事，其中却實不然，乃自欺也。譬如一塊銅，外面以金裹之，便不是真金。」
　　二語皆見《語類》，卷16，頁12下。

107 朱熹《章句》注云：
　　言欲自脩者知為善以去其惡，則當實用其力，而禁止其自欺，使其惡惡則（自然
　　地）如惡惡臭，好善則（自然地）如好好色。

謙。[108]故君子必慎其獨也![109]

2. 小人閒居為不善，無所不至，見君子而後厭然，揜其不善，而著其善。人之視己，如見其肺肝然，則何益矣？[110]此謂誠於中，形於外，故君子必慎其獨也。

3. 曾子曰：「十目所視，十手所指，其嚴乎！」[111]

4. 富潤屋，德潤身，心廣體胖，故君子必誠其意。

右（為曾子）傳之六章，釋誠意。[112]

---

108 據朱熹《章句》注，「自謙」的「謙」應讀為「慊」，其義為「快也，足也（to be pleased, satisfied）」。「自謙」之意即徹底盡力地去惡為善，對自己感到快意滿足，不會違背原則以迎合他人的期待。

109 有關「慎獨」，參照《中庸》，第 1 章，第 3 節；Legge, *Chinese Classics* I, 384。朱熹《章句》注云：「然其（即意）實與不實，蓋有他人所不及知而己獨知之者，故必謹之於此以審其幾焉。」

110 朱熹《章句》注云：
此言小人陰為不善，而陽欲揜之，則是非不知善之當為與惡之當去也；但不能實用其力以至此耳。然欲揜其惡而卒不可揜，欲詐為善而卒不可詐，則（掩飾欺瞞）亦何益之有哉！

111 朱熹《章句》注云：「引此以明上文之意。言雖幽獨之中，而其善惡之不可揜如此。可畏之甚也。」

112 在此有個說法值得筆者提出來討論，即理雅各對本傳章的論述：
在此傳章的各節中，只有第一節可以使我們探得作者的誠意觀，其他各節的內容都只是在闡釋說明或督促屬行（enforcement）而已。第一節的主旨應在「毋自欺」這句話上；也就是說，知至以後接下去要做的工作即為意誠，而非知既致而意便誠。（*Chinese Classics* I, 367）
其實朱熹也意識到即便是在知致後，也需要努力才能達到意誠，他於《章句》此傳章注云：「然或（心體）已明而不謹乎此，則其所明又非己有，而無以為進德之基。」但理雅各接著又在上述論述中，間接地表示朱熹在注解與本章傳文相關的經文部分，也就是經文的第五節時，並未提及此點。然而正如筆者試圖展現在經文第五節的英譯和註 65 中所想要說明的，朱熹其實清楚「意誠」這個步驟不會自然而然地接在「知致」之後出現。

第七章

1. 所謂脩身在正其心者，身[113]有所忿懥，則不得其正；有所恐懼，則不得其正；有所好樂，則不得其正；有所憂患，則不得其正。[114]
2. 心不在焉，視而不見，聽而不聞，食而不知其味。[115]
3. 此謂脩身在正其心。

　　　右（為曾子）傳之七章，釋正心脩身。[116]

第八章

1. 所謂齊其家在脩其身者，人之[117]其所親愛而辟[118]焉，之其所賤惡而

113　朱熹於《章句》注中據程頤《大學》改本云：「程子曰：『身有之身當作心。』」程頤之說見《河南程氏經說》，卷5，頁4上。

114　朱熹《章句》注云：
　　　蓋是四者（筆者按：即忿懥、恐懼、好樂、憂患），皆心之用，而人所不能無者。然一有之而不能察，則欲動情勝，而其用之所行，或不能不失其正矣。

115　朱熹《章句》注此節云：
　　　心有不存，則無以檢其身，是以君子必察乎此而敬以直之（筆者按：「敬以直之」出自《周易・坤卦・文言》，見《周易引得》，頁4；另可參照 Sung, *Yi King*, pp. 20-21），然後此心常存而身無不脩也。

116　朱熹於此作注強調，即便是在意誠之後，還必須另外付出努力才能正心。朱熹云：
　　　蓋意誠則真無惡而實有善矣，所以能存是心以檢其身。然或但知誠意，而不能密察此心之存否，則又無以直內而脩身也。

117　朱熹將此處及以下各句開頭所出現的「之」皆理解為「於（"in regard to"，即對於、關於）」；但此節的「辟」在某些句子中為「偏袒」之意，某些為「偏見」之意，故筆者並未將此節所有含有「之」的句子一律譯為"biased in regard to"（對於……有所偏），而是根據前後文之意，某些句子以"biased in favor of"（對於……有偏袒）譯之，某些句子以"biased against"（對於……有偏見）譯之。（*

辟焉，之其所畏敬而辟焉，之其所哀矜而辟焉，之其所敖惰而辟焉。故好而知其惡、惡而知其美者，天下鮮矣！[119]

2. 故諺有之曰：「人莫知其子之惡，莫知其苗之碩。」[120]

3. 此謂身不脩，不可以齊其家。

右（為曾子）傳之八章，釋修身齊家。

第九章

1. 所謂治國必先齊其家者，其家不可教而能教人者，無之。故君子不出家而成教於國。孝者，所以事君也；弟者，所以事長也；慈者，所以使眾也。[121]

校按：此註原為英文本之註 118。）

118 朱熹《章句》注云：「辟，猶偏也。」（*校按：此註原為英文本之註 117。為便利中譯本之行文，故將原英文本此二註互換，請讀者察之。）

119 朱熹於《章句》中論道，此五者（即親愛、賤惡及其它）對人而言是正常之事，然而這些常人之情若不加以限制而使之太過（參照《語類》，卷 16，頁 35 上以及之後有關此節內容的幾頁），則這些情感必使人陷於所偏。在這樣的情形下，人是絕對不可能達成修身。並參照本章註 114。

120 朱熹《章句》注云：「溺愛者不明，貪得者無厭，是則偏之為害，而家之所以不齊也。」

121 朱熹《章句》注云：

身脩，則家可教矣；孝、弟、慈，所以脩身而教於家者也；然而國之所以事君、事長、使眾之道，不外乎此（三者）。此所以家齊於上，而教成於下也。

此外，朱熹亦云若某人之家皆行孝、弟、慈，則天下之人皆可見此三美德並從而效之行之，因此並非是某人主動地將這些美德從其家中推及於天下。見《語類》，卷 16，頁 39 下。另外，在《語類》中也可發現有幾處表達了這樣的觀點，即孝、弟、慈基本上是藉由本身之道德力量而影響天下之人的觀點，見《語類》，卷 16，頁 39 下-40 上。

2. 康誥曰：「如保赤子。」[122]心誠求之，雖不中，不遠矣。未有學養子而后嫁者也。[123]

3. 一家仁，一國興仁；一家讓，一國興讓；一人[124]貪戾，一國作亂；其機如此。[125]此謂「一言僨事[126]，一人定國。」[127]

4. 堯、舜帥天下以仁，而民從之；桀、紂帥天下以暴，而民從之。其所令反其所好，而民不從。[128]是故君子有諸己，而后求諸人；無諸己，而后非諸人。所藏乎身不恕，而能喻諸人者，未之有也。[129]

---

122 《尚書》，卷14，頁6下；Legge, *Chinese Classic* III, 389（筆者之譯文乃據此譯文修改而成）。亦可參照 Karlgren, *Documents*, pp.39-41。

123 據朱熹之說，此節的主旨為國君應以慈幼之心為使眾之道。見《語類》，卷16，頁40上與《或問》，頁57下。

124 朱熹《章句》注云：「一人，謂君也。」但鄭玄與孔穎達皆注「一家」與「一人」為「人君」。見《禮記注疏》，卷60，頁8下與頁13下-14上。相較之下，朱熹只對「一人」作注，這似乎顯示著他對「一家」的理解與鄭玄、孔穎達的理解不同。因此筆者在此將「一家」譯為"one household"（一個家庭）。

125 朱熹《章句》注云：「機，發動所由也。」

126 參照《論語·子路第十三》，第13章（*校按：誤，應在第15章）；Legge, *Chinese Classics* I, 268-269。

127 朱熹《章句》注此句云：「此言教成於國之效。」

128 此句表達了儒家一個典型的理念，即道德典範的力量。也就是說，人民會因國君自身所具的道德典範而化之，意即若國君行仁，則人民亦效之而行仁，凡不仁之命皆不從；若國君行暴，則人民亦效之而行暴，非殘暴之命皆不從之。此句或許還可提供另外一種解釋，即：「後二君之命反民之所好，則民不從之」。這樣的解釋就語法結構及前後文證之，是有其合理性的。不過朱熹於《章句》中對此句的理解，則是一種比較概括性的說法（見本章註129）。對此句而言，朱熹這種概括性的解釋，似乎確實比較好些，而這可分為下列幾個理由：此句本身極具格言性，而這樣的格言性會暗示著讀者以廣義的方式去解讀；再者，此句的兩個「其」字絕非僅稱桀、紂而已；此外，更重要的一點，如同筆者前面所說的，就是現在這樣的解釋，比較符合前後文的意思。

129 朱熹《章句》注云：
有善於己，然後可以責人之善；無惡於己，然後可以正人之惡；皆推己以及人，所謂恕也。不如是，則所令反其所好，而民不從矣。

5. 故治國在齊其家。

6. 詩云:「桃之夭夭,其葉蓁蓁;之子于歸,宜其家人。」[130]宜其家人,而后可以教國人。

7. 詩云:「宜兄宜弟。」[131]宜兄宜弟,而后可以教國人。

8. 詩云:「其儀不忒,正是四國。」[132]其為父子兄弟足法,而后民法之也。

9. 此謂治國在齊其家。

右(為曾子)傳之九章,釋齊家治國。

第十章

1. 所謂平天下在治其國者,上老老[133]而民興孝,上長長而民興弟,上恤孤而民不倍[134],是以君子有絜矩之道也。[135]

朱熹對此段話還有進一步的論述,見《或問》,頁 58 上-60 下;在《或問》中,朱熹解釋「恕」字由「如」、「心」二字構成,故含有此二字之義,即:「如治己之心以治人,如愛己之心以愛人」。見《或問》,頁 58 下。

130 《詩經・周南・桃夭》,第 3 章;Legge, *Chinese Classics* IV, 13(筆者之譯文乃據此譯文稍作修改而成)。參照 Karlgren, *Odes*, p. 5。

131 《詩經・小雅・蓼蕭》,第 3 章;Legge, *Chinese Classics* IV, 275(筆者之譯文乃據此譯文修改而成)。參照 Karlgren, *Odes*, p. 117。

132 《詩經・曹風・鳲鳩》,第 3 章;參照 Legge, *Chinese Classics* IV, 223 與 Karlgren, *Odes*, p. 95。

133 朱熹《章句》注云:「老老,所謂老吾老(筆者按:「老吾老」見《孟子・梁惠王上》,第 7 章)也。」劉殿爵將「老吾老」此語譯為:"Treat the aged of your own family in a manner befitting their venerable age(家有年邁者,則以長者之禮敬之)." 見 D. C. Lau, *Mencius*, p. 56。

134 朱熹《章句》注云:「言此三者,上行下效,捷於影響,所謂家齊而國治也。」

135 朱熹《章句》注云:「絜,度也;矩,所以為方也。」在《語類》中,朱熹將

2. 所惡於上，毋以使下；所惡於下，毋以事上；所惡於前，毋以先
   後；所惡於後，毋以從前；所惡於右，毋以交於左；所惡於左，毋
   以交於右。此之謂絜矩之道。[136]

3. 詩云：「樂只君子，民之父母。」[137]民之所好好之，民之所惡惡之，
   此之謂民之父母。[138]

4. 詩云：「節彼南山，維石巖巖，赫赫師尹，民具爾瞻。」[139]有國者不
   可以不慎，辟則為天下僇矣。[140]

「矩」理解為「人心」，並將「絜矩之道」解釋為：「是以君子見人之心與己之心
同，故必以己度人之心，使皆得其平。」見《語類》，卷16，頁44上。朱熹的這
個觀點，可以在《語類》中看到他一再反覆地表達，見《語類》，卷16，頁43上
-46下。

　　另外，〈傳〉之九章第4節的「恕」和此處的「絜矩」，朱熹也說明了兩者之
間有著密切的關係。朱熹云：「恕，亦是絜矩之意。」見《語類》，卷16，頁47
下。

136 朱熹在此（即《章句》此節的注）舉了一些例子，在某種程度上詳細說明了中國
　　所謂的為人處世準則，也就是西方所稱的「黃金律」（the Golden Rule）（＊譯按：
　　「黃金律」的典故出自《新約聖經》之〈馬太福音〉第7章第12節及〈路加福
　　音〉第6章第31節──「你們要別人怎樣對待你們，你們就要怎樣對待別
　　人。」）。朱熹云：
　　如不欲上之無禮於我，則必以此度下之心，而亦不敢以此無禮使之。不欲下之
　　忠於我，則必以此度上之心，而亦不敢以此不忠事之。
　　此外，朱熹於《章句》此節亦注云：「此覆解上文絜矩二字之義。」

137 《詩經・小雅・南山有臺》，第3章；Legge, *Chinese Classics* IV, 273（筆者之譯
　　文乃據此譯文修改而成）。參照 Karlgren, *Odes*, p. 116。

138 朱熹《章句》注此節云：「言能絜矩而以民心為己心，則是愛民如子，而民愛之
　　如父母矣。」參照《孟子・梁惠王下》第7章之末語（＊校按：《孟子・梁惠王
　　下》第7章之末語即「如此，然後可以為民父母。」）。

139 《詩經・小雅・節南山》，第1章；Legge, *Chinese Classics* IV, 309。參照 Karlgren,
　　Odes, p. 133。

140 朱熹《章句》注云：
　　言在上者人所瞻仰，不可不慎。若不能絜矩，而好惡徇於一己之偏，則身弒國
　　亡，為天下之大戮矣。

5. 詩云：「殷之未喪師，克配上帝；[141]儀監[142]於殷，峻命不易。」[143]道
   得眾則得國，失眾則失國。[144]

6. 是故君子先慎乎德。[145]有德[146]此有人[147]，有人此有土[148]，有土此有
   財，有財此有用。

7. 德者，本也；財者，末也。

8. 外本內末，爭民施奪。[149]

《孟子》中有「身弒國亡」一詞，見《孟子・離婁上》，第 2 章。理雅各將「身
弒國亡」譯為："[He] will himself be slain, and his kingdom will perish([國君]將遭到
殺害，而其國也將滅亡)." 見 Legge, *Chinese Classics*, II, 293。

　　《章句》注以「戮」釋傳文中之「僇」，而「戮」或可作「羞辱」（to
disgrace）之義，或可作「殺害」（to kill）之義。筆者在此選擇以「羞辱」之義翻
譯此處的「戮」字，原因如下：朱熹的注解實際上是據《荀子》原文「身死國亡
為天下大戮」（卷 7，頁 4 上）逐字引述，而唐代《荀子》注者楊倞注此句的後半
部云：「為天下大戮，辱也。」因此，在朱熹的注解中，儘管「戮」字之義可作
二解，但若依楊倞的注解（想必朱熹對楊倞之注相當熟悉），我們可以相信朱熹
是有意地將他所說的「戮」被理解為「羞辱」之義而非「殺害」之義。另外再從
前後文觀之，這個解釋也是比較合理的，因為國君一旦遭到殺害，再殺他一次是
沒什麼道理的。

141 朱熹《章句》注云：「配上帝，言其為天下君而對乎上帝也。」

142 朱熹《章句》注云：「監，視也。」

143 《詩經・大雅・文王》，第 6 章；參照 Karlgren, *Odes*, p. 186 及 Legge, *Chinese
    Classics* IV, 431。朱熹《章句》注云：「不易，言難保也。」

144 朱熹在被問到有關此句的意義時答云：
    言能絜矩，則民父母之，而得眾得國矣；不能絜矩，則為天下僇，而失眾失國
    矣。（《或問》，頁 65 上）

145 朱熹《章句》注云：「德，即所謂明德。」

146 有一點應該在此提醒讀者，也就是據朱熹之見，天下之人天生皆具有明德，但此
    明德需藉由每個人全心全意且持之以恆的努力才能不被掩蔽（此乃修身過程的目
    的）。因此，此處的「有德」是專指已完滿地保此明德不被掩蔽。

147 朱熹《章句》注云：「有人，謂得眾（參照〈傳〉之十章，第 5 節）。」

148 朱熹《章句》注云：「有土，謂得國（參照〈傳〉之十章，第 5 節）。」

149 朱熹於《章句》注中將「施奪」解作「施之以劫奪之教」，這句話若說得淺顯
    些，即「教他們去搶奪」。最後，朱熹總結式地注此節云：

9. 是故財聚則民散，財散則民聚。[150]

10. 是故言悖而出者，亦悖而入；貨悖而入者，亦悖而出。[151]

11. 康誥曰：「惟命不于常！」[152]道善則得之[153]，不善則失之矣。[154]

12. 楚書[155]曰：「楚國無以為寶，惟善以為寶。」[156]

13. （重耳之）舅犯曰：「亡人無以為寶，仁[157]親以為寶。」[158]

蓋財者，人之所同欲；不能絜矩而欲專之，則民亦起而爭奪矣。

150 朱熹《章句》注云：

外本內末，故財聚；爭民施奪，故民散；反是（筆者按：即「內本外末」），則有
（明）德而有人矣（參照〈傳〉之十章，第 6 節）。

151 朱熹於此節認同鄭玄之注，見《或問》，頁 65 下。鄭玄注此節云：「君有逆命，
則民有逆辭；上貪於利，則下人侵畔。」

　　按朱熹《章句》此節之注所云，從〈傳〉之十章第 6 節到此節結束，是藉著
論財貨這個主題「以明能絜矩與不能者之得失也」。

152 《尚書》，卷 14，頁 13 下；參照 Legge, *Chinese Classics* IV, 397 與 Karlgren,
Documents, p. 43。

153 朱熹注此句云：「蓋『善則得之』者，『有（明）德而有人』之謂也（參照〈傳〉
之十章，第 6 節）。」見《或問》，頁 65 下。

154 朱熹注此句云：「『不善則失之』者，『悖入而悖出』之謂也（參照〈傳〉之十
章，第 10 節）。」見《或問》，頁 65 下。

　　按朱熹《章句》此節之注所云，朱熹認為此節是對〈傳〉之十章第 5 節作進
一步的論述。

155 按朱熹《章句》注所云，《楚書》指的是《國語》中的《楚語》。

156 朱熹於《章句》注中將「善」解作「善人」。

　　此語的典故大概是出自《國語》，卷 18，頁 10 上，第 6-10 行。內容描述楚
國的一名使者出使晉國時，被問到楚國著名的白色腰珮在楚國被視為珍寶已有多
久時間。這位使者回答此腰珮在楚國從未被視為珍寶，楚國真正所珍視的反而是
賢大夫觀射夫。

157 朱熹《章句》注云：「仁，愛也。」

158 重耳，晉獻公之子，重耳乃其名，後為晉文公。舅犯，晉文公之母舅，名狐偃
（字子犯）。重耳遭晉獻公之寵妾（*校按：即「驪姬」）惡言中傷，被迫逃離晉
國。晉獻公死後，秦穆公便遣使者拜見重耳，勸重耳趁此機會回到晉國掌控政
權。重耳將此事告知舅犯，舅犯便以此段話來回答重耳。事見《禮記・檀弓》
（卷 9，頁 8 下-10 上）與理雅各翻譯之《禮記》，頁 165-167。亦可參照 Giles,

14.秦誓[159]曰：「若有一个臣，斷斷兮無他技，其心休休焉，其如有容焉。人之有技，若己有之，人之彥聖，其心好之，不啻若自其口出，寔能容之，以能保我子孫黎民，尚亦有利哉。[160]人之有技，媢疾以惡之，人之彥聖，而違之俾不通，寔不能容，以不能保我子孫黎民，亦曰殆哉。」[161]

15.唯仁人放流之，迸諸四夷，不與同中國。[162]此謂「唯仁人為能愛人，能惡人」。[163]

16.見賢而不能舉，舉而不能先[164]，命[165]也；見不善而不能退，退而不能遠，過也。

17.好人之所惡，惡人之所好，是謂拂人之性[166]，菑必逮夫身。[167]

Biographical Dictionary, p. 209, no.523。

159　《尚書・周書》之篇。

160　「尚亦有利哉」，《尚書》原作「亦職有利哉」。朱熹《章句》注云：「尚，庶幾也」。

161　《尚書》，卷20，頁13上-14上；Legge, *Chinese Classics* III, 629-630（筆者之譯文乃據此譯文修改而成）。參照 Karlgren, *Documents*, p. 81。

162　「不與同中國」，若依字面之義作解釋，即「仁者不與惡人共處於中原境內」。

163　「唯仁人為能愛人，能惡人」改寫自《論語》：「子曰：『唯仁者能好人能惡人』。」見《論語・里仁第四》，第3章。參照 Legge, *Chinese Classics* I, 166 與 Waley, *Analects*, p. 102。

　　　朱熹《章句》注此節云：

言有此媢疾之人，妨賢而病國，則仁人必深惡而痛絕之。以其至公無私，故能得好惡之正如此也。

164　朱熹云：「『先』是早底意思，不能速用之意。」見《語類》，卷16，頁49上。（*校按：此註原為英文本之註165。）

165　朱熹《章句》注云：「命，鄭氏云：『當作慢。』程子云：『當作怠。』未詳孰是。」亦可參照《或問》，頁66下-67上。筆者此處乃據程頤之說，將此字譯為"negligence"（懶怠輕忽），儘管「慢」多少也有輕忽之意。（*校按：此註原為英文本之註164。為便利中譯本之行文，故將原英文本此二註互換，請讀者察之。）

166　朱熹《章句》注云：「好善而惡惡，人之性也。」

18.是故君子[168]有大道[169]，必忠[170]信[171]以得之，驕泰以失之。[172]

19.生財有大道，生之者眾，食之者寡，為之者疾，用之者舒[173]，則財恆足矣。[174]

20.仁者以財發身，不仁者以身發財。[175]

---

167 朱熹於《章句》此節注中表示，從〈傳〉之十章第 14 節的〈秦誓〉到此節結束，詳盡闡釋了〈傳〉之十章第 3 節與第 4 節所引述的《詩經》〈南山有臺〉與〈節南山〉二詩之意。

168 按朱熹於《章句》此節注之說，此處所言之「君子」指的是「位」；因此「君子」在此應解作「國君」或「君主」，而非「君子」（superior man）之原義。（*校按：此註原為英文本之註 169。）

169 朱熹於《章句》注中將「道」（course）解作「居其位（筆者按：即「王位」）而脩己治人之術。」（*校按：此註原為英文本之註 168。為便利中譯本之行文，故將原英文本此二註互換，請讀者察之。）

170 朱熹於《章句》注中解「忠」為「發己自盡」，於《或問》中解「忠」為「盡己之心」。見《或問》，頁 67 上。參照陳榮捷對《論語・里仁第四》第 15 章之論評（*Source Book*, p. 27），以及理雅各《論語・里仁第四》第 15 章的譯文。理雅各在他的譯文中，將「忠」譯為"to be true to the principles of our nature."見 Legge, *Chinese Classics* I, 170。

171 朱熹《章句》注云：「循物無違謂信」。參見 *Mathews' Chinese-English Dictionary*, no. 2926.9。

172 朱熹《章句》注云：「此因上（筆者按：即〈傳〉之十章第 5 節與第 11 節）所引〈文王〉、〈康誥〉之意而言。」故此處的「得之」應被理解為「得眾」或「得國」。參照《語類》，卷 16，頁 49 下，第 1-4 行。

173 朱熹於《章句》注中引二程門人呂大臨（1044-1093）之語：
國無遊民，則生者眾矣；朝無幸位，則食者寡矣；不奪農時，則為之疾矣；量入為出，則用之舒矣。

174 朱熹於《章句》此節注中主張此節與〈傳〉之十章第 6 節「有土有財」的觀念是一致的。按朱熹之說，此節是在說明國家致富之道在於注重根本（〈傳〉之十章，第 7 節），亦即明德與節用，不必靠「外本內末（即財富）」（〈傳〉之十章，第 8 節）來聚財。

175 朱熹《章句》注云：「仁者散財以得民，不仁者亡身以殖貨。」對此，朱熹還有更進一步的解釋：「仁者不私其有，故財散民聚而身尊；不仁者惟利是圖，故捐身賈禍以崇貨也。」見《或問》，頁 68 上。參照〈傳〉之十章，第 9 節。

21. 未有上好仁而下不好義者也，未有好義其事不終者也，未有府庫財非其財者也。[176]

22. 孟獻子[177]曰：「畜馬乘[178]，不察於雞豚；伐冰之家[179]，不畜牛羊；百乘之家[180]，不畜聚斂之臣；與其有聚斂之臣，寧有盜臣。」[181]此謂國不以利為利，以義為利也。

23. 長國家而務財用者，必自小人矣。[182]彼為善之（……）。小人之使

---

176 朱熹《章句》注云：

上好仁以愛其下，則下好義以忠其上。所以事必有終，而府庫之財無悖出之患也（參照〈傳〉之十章，第 10 節）。

此外，朱熹亦云：「事有終，則爲君者安富尊榮（參照《孟子・盡心上》，第 32 章；Lau, *Mencius*, p. 189），而府庫之財可長保矣。」見《或問》，頁 68 上。筆者在翻譯此節末句的最後幾個字時，乃據朱熹於前兩節中所表達之內心觀點而譯。

177 朱熹《章句》注云：「孟獻子，魯之賢大夫仲孫蔑也。」此人於《左傳》中亦有記載；理雅各對此人亦有介紹，讀者尤應參看，見 Legge, *Chinese Classics*, V, 頁 271 和 304 的注解。

178 按朱熹《章句》注云：「畜馬乘，士初試為大夫者也。」

179 朱熹《章句》注云：「伐冰之家，卿大夫以上，喪祭用冰者也。」

180 朱熹《章句》注云：「百乘之家，有采地者也。」

181 朱熹《章句》注云：「君子寧亡己之財，而不忍傷民之力，故寧有盜臣，而不畜聚斂之臣。」另外，於《或問》中，朱熹形容「聚斂之臣」為「剝民之膏血以奉上」，而「盜臣」則形容為「竊君之府庫以自私」，並主張前者會傷害百姓，造成百姓的災難，而後者則不然。見《或問》，頁 69 上。

182 朱熹於《章句》注中將「自小人」的「自」注為「由也」（即「因為」、「由於」），並將「自小人」解作「由小人導之」。換言之，國君一旦聚斂財富，必定是「由小人導之」。

至於「自小人矣」下的「彼為善之」四字（此四字筆者於翻譯時以刪節號表之），朱熹《章句》注云：「此句上下，疑有闕文誤字。」然程頤將此句改為「彼為不善之小人使之為國家」。見《河南程氏經說》，卷 5，頁 5 下。程頤對此句的改正，並未見於朱熹《章句》此節的注或朱熹其它的著作中；據此我們可以認定他於此處並未接受程頤之說。另外，他也很明顯地懷疑傳統上鄭玄和孔穎達的觀點（鄭、孔二氏的觀點見《禮記》，卷 60，頁 12 下與 19 上）。因為朱熹認為此四字處於現在這個地方是無法解釋的，同時也因為他並未對此四字提出另一種解讀，故筆者於翻譯時並未翻譯此句。

為國家，菑害並至。雖有善者[183]，亦無如之何矣！此謂國不以利為利，以義為利也。

右（為曾子）傳之十章，釋治國平天下。

凡傳十章。前四章統論綱領指趣[184]，後六章細論條目功夫。[185]

其第五章乃明善之要，第六章乃誠身之本[186]，在初學尤為當務之急，讀者不可以其近而忽之也。[187]

記大學後[188]

右大學一篇，經二百有五字，傳十章。今見於戴氏禮書[189]，而簡編散脫，傳文頗失其次。子程子蓋嘗正之。熹不自揆，竊因其說，復定此本。[190]蓋傳之一章，釋明明德；二章，釋新民；三章，釋止於至

---

183 朱熹將此處的「善」解釋為「會」（able），見《語類》，卷 16，頁 50 上。因此「善者」在此應解作「有能力之人」，而非「善良之人」。若朱熹未注此處的「善」字，則此處的「善者」有可能會以其一般之義「善良之人」解之。然而將「善者」解為「有能力之人」，抵觸了朱熹自己認為《大學》通篇所隱含的觀念，即「至善至德之人可以平天下」的觀念。

184 即「三綱領」：明明德、新民、止於至善。

185 即「八條目」：格物、致知、誠意、正心、修身、齊家、治國、平天下。

186 「明善」與「誠身」二詞可參照《中庸》：「不明乎善，不誠乎身矣。」見《中庸》，第 20 章，第 17 節。理雅各將《中庸》此句譯為："If a man do not understand what is good, he will not attain sincerity in himself." 見 Legge, *Chinese Classics* I, 413。亦參照《孟子‧離婁上》，第 12 章。

187 「近」字可參照《孟子‧盡心下》第 32 章的「言近」。理雅各將「言近」譯為 "words which are simple"，見 Legge, *Chinese Classics* II, 494。

188 〈記大學後〉，收錄於《文集》，卷 81，頁 9 上-下。

189 即戴聖編訂的《禮記》。見本書第二章，〈朱熹之前的《大學》〉，頁 46。

190 如筆者於本書第二章所言，程顥和程頤二人各有自己的《大學》改本；二人的《大學》改本皆收錄於《河南程氏經說》，卷 5，頁 1 上-5 下。然而朱熹的《大學

善；[191]四章，釋本末；五章，釋致知；[192]六章，釋誠意；[193]七章，釋正心、脩身；八章，釋脩身、齊家；九章，釋齊家、治國、平天下。[194]序次有倫，義理通貫，似得其真，謹第錄如上。其先賢[195]所正衍文誤字，皆存其本文而圍其上，旁注所改，又與今所疑者，并見於釋音云。新安朱熹謹記。

章句》似乎僅遵程頤的《大學》改本，故筆者將此處的「子程子」譯為單人。

191 此處朱熹以雙行夾注云：「以上並從程本，而增《詩》云『瞻彼淇澳』以下。」

192 朱熹於此處注云：「並今定。」

193 朱熹於此處注云：「從程本。」

194 朱熹於此處注云：「並從舊本（筆者按：即據《禮記》中的版本）。」在此篇〈記大學後〉中，朱熹似乎是將《大學章句》中的〈傳〉之九章與十章結合為一個主題。在《章句》中，朱熹表示〈傳〉之九章為「釋齊家治國」，而〈傳〉之十章為「釋治國平天下」。朱熹在《章句》中將傳文分為十章而非如〈記大學後〉的九章，可能是他於撰畢〈記大學後〉之後的某個時候才作的修正，而他在修正之後，並沒有再回到〈記大學後〉中將原先〈傳〉之九章的分法改為十章。

195 二程兄弟雖然各自都對《大學》文本的次序重新加以編訂，但只有程頤認為《大學》文本中有「衍文誤字」並加以改正；他將自己的這些改正，以注解的形式附在他認為《大學》文本中有問題的地方。見《河南程氏經說》，卷 5，頁 3 上-5下。

6

《大學章句》與〈記大學後〉之原文全文

　　此處的《大學章句》乃翻印自《四部備要》本之《四書集注》。筆者於本書〈《大學》譯注（據朱熹的解讀譯注）〉中，僅將朱熹的注解選擇性地英譯於附註中，此處翻印的《大學章句》原文全文，則完整呈現了朱熹對《大學》的注解，供有興趣的漢學研究者參考使用。

　　〈記大學後〉也一併翻印附於此處。此文翻印自《晦庵先生朱文公文集》（《四部叢刊》本），卷81，頁9上—下。

大學章句序

大學之書古之大學所以教人之法也蓋自天降生
民則既莫不與之以仁義禮智之性矣然其氣質之
稟或不能齊是以不能皆有以知其性之所有而全
之也一有聰明睿智能盡其性者出於其閒則天必
命之以爲億兆之君師使之治而教之以復其性此
伏羲神農黃帝堯舜所以繼天立極而司徒之職典
樂之官所由設也三代之隆其法寖備然後王宮國
都以及閭巷莫不有學人生八歲則自王公以下至
於庶人之子弟皆入小學而教之以灑掃應對進退

大　　學　　序

一　[中華書局聚]

之節禮樂射御書數之文及其十有五年則自天子
之元子眾子以至公卿大夫元士之適子與凡民之
俊秀皆入大學而教之以窮理正心脩己治人之道
此又學校之教大小之節所以分也夫以學校之設
其廣如此教之之術其次第節目之詳又如此而其
所以為教則又皆本之人君躬行心得之餘不待求
之民生日用彝倫之外是以當世之人無不學其學
焉者無不有以知其性分之所固有職分之所當為
而各俛焉以盡其力此古昔盛時所以治隆於上俗
美於下而非後世之所能及也及周之衰賢聖之君

珍傲宋版印

異端虛無寂滅之教其高過於大學而無實其他權
是以來俗儒記誦詞章之習其功倍於小學而無用
及孟子沒而其傳泯焉則其書雖存而知者鮮矣自
說而曾氏之傳獨得其宗於是作為傳義以發其意
內有以盡其節目之詳者也三千之徒蓋莫不聞其
之成功以著大學之明法外有以極其規模之大而
子職諸篇固小學之支流餘裔而此篇者則因小學
先王之法誦而傳之以詔後世若曲禮少儀內則弟
孔子之聖而不得君師之位以行其政教於是獨取
不作學校之政不脩教化陵夷風俗穨敗時則有若

大學序

二　中華書局聚

謀術數。一切以就功名之說。與夫百家眾技之流。所
以惑世誣民充塞仁義者。又紛然雜出乎其閒。使其
君子不幸而不得聞大道之要。其小人不幸而不得
蒙至治之澤。晦盲否塞反覆沈痼以及五季之衰而
壞亂極矣。天運循環無往不復。宋德隆盛治教休明。
於是河南程氏兩夫子出而有以接乎孟氏之傳。實
始尊信此篇而表章之。既又爲之次其簡編發其歸
趣。然後古者大學教人之法聖經賢傳之指粲然復
明於世。雖以熹之不敏亦幸私淑而與有聞焉。顧其
爲書猶頗放失。是以忘其固陋采而輯之。閒亦竊附

己意補其闕略以俟後之君子極知僭踰無所逃罪。

然於國家化民成俗之意學者脩己治人之方則未

必無小補云淳熙己酉二月甲子新安朱熹序

大學序

三 中華書局聚

大學〔大舊音泰〕〔今讀如字〕 朱熹章句

子程子曰大學孔氏之遺書而初學入德之門

也於今可見古人爲學次第者獨賴此篇之存

而論孟次之學者必由是而學焉則庶乎其不

差矣

大學之道在明明德在親民在止於至善〔程子曰親／當作新。○〕

大學者大人之學也明明德者人之所得乎／天而虛靈不昧以具衆理而應萬事者也但爲氣稟乎

譽息者故學者當因其所發而遂明之以復其初也新／者革其舊之謂也言既自明其明德又當推以及

人使之亦有以去其舊染之污也止者必至於是而／不遷之意至善則事理當然之極也言明明德新民

皆當止於至善之地而不遷蓋必其極也有以盡夫天理／之…

〔中華書局聚〕

2.

3.

4.

之極而也此三者無一毫之人欲之私也知止而后有定定而后能後與後○同

靜靜而后能安安而后能慮慮而后能得後放此○定

所謂止得其物有本末事有終始知所先後則近道矣本新民末終為末知此止結為始能得為終本始兩節之意古之欲明明

德於天下者先治其國欲治其國者先齊其家欲齊明明德於天下者使天下之人皆有以明其明德也

其家者先脩其身欲脩其身者先正其心欲正其心治平

者先誠其意欲誠其意者先致其知致知在格物平治

德於天下者先誠其意欲誠其意者先致其知致知在格物誠實也意者心之所主也誠實也意者心之所發也實其心之所發欲其必自慊而無自欺也

聲其後放此明德也○心者身之所主也誠實也意者心之所發也實其心之所發欲其必自慊而無自欺也

極也知猶識也推極吾之知識欲其所知無不盡也推

5.

格⋅至⋅也。物猶事也。窮至事物之理，欲其極處無不到也。此八者大學之條目也。

物格而后知至，知至而后意誠，意誠而后心正，心正而后身脩，身脩而后家齊，家齊而后國治，國治而后天下平。〔治，去聲，後放此。○物格者，物理之極處無不到也。知至者，吾心之所知無不盡也。知既盡，則意可得而實矣。意既實，則心可得而正矣。脩身以上，明明德之事也。齊家以下，新民之事也。物格知至，則知所止矣。意誠以下，則皆得所止之序也。〕

6.

自天子以至於庶人，壹是皆以脩身為本。〔壹是，一切也。正心以上，皆所以脩身也。齊家以下，則舉此而錯之耳。〕

7.

其本亂而末治者否矣，其所厚者薄，而其所薄者厚，未之有也。〔本，謂身也。所厚，謂家也。此兩節結上文兩節之意。〕

右經一章，蓋孔子之言，而曾子述之。〔凡二百五字。〕

大學

二 中華書局聚

I.4　　I.3　　　　I.1-2

其傳十章則曾子之意而門人記之也舊本

頗有錯簡今因程子所定而更考經文別爲

序次如左　引片經千傳五百四十六字然文理接續血
脈貫通深淺始終至爲精密熟
讀詳味久當見之今不盡釋也

康誥曰克明德　康誥周書也克能也　大甲曰顧諟天之明命　讀大
　　　　　作泰誤曰古審也字天○大甲商書顧謂之所以在我而諟猶
　　　　　　　　此之命常目在我而諟猶
　　　　　　　　之也　帝典曰克明峻德　帝典書堯典虞○
　　　　　　　　　　　　在所之則無時不也常目
　　　　　　　　　　　　　　　　　　　　　　　　　　　　　　　　帝典堯典虞書作俊
大書也峻　皆自明也　自結所引書皆言
　　　　　　　　　　明己德之意

右傳之首章釋明明德　信此通舊本誤三在至世止不
下 忘 之

III.2　III.1　　　　II.4　II.3　II.2　II.1

湯之盤銘曰苟日新日日新又日新
盤沐浴之盤也銘名其器以自警之辭也苟誠也湯以人之洗濯其心以去惡如沐浴其身以去垢故銘其盤言誠能一日有以滌其舊染之污而自新則當因其已新者而日日新之又日新之不可略有間斷也

康誥曰作新民
鼓之舞之之謂作言振起其自新之民也

詩曰周雖舊邦其命維新
詩大雅文王之篇言周國雖舊而至於文王能新其德以及於民而始受天命也

是故君子無所不用其極
自新新民皆欲止於至善也

右傳之二章釋新民

詩云邦畿千里惟民所止
詩商頌玄鳥之篇邦畿王者之都也止居也言物各有所當止之處也

詩云緡蠻黃鳥止于丘隅子曰於止知其所止可以人而不如鳥乎
詩小雅緡蠻之篇緡蠻鳥聲丘隅岑蔚之處也○詩作緜蠻

大學

三〔中華書局聚

III.4　　　　　　　III.3

之讓，人子當以所歇止之。孔子之說詩也。詩云：「穆穆文王，於緝熙

敬止！」為人君，止於仁；為人臣，止於敬；為人子，止於孝；

為人父，止於慈；與國人交，止於信。〔詩文王之篇。於，音烏。緝，七入聲。熙，敬止。○〕

深遠也。敬之意，無不敬而安所止也。

緝，繼續也。熙，光明也。敬止，言其無不敬而安所止也。引此而言聖人之止，無非至善。

五者乃其目之大者也。學者於此，究其精微之蘊，而又推類以盡其餘，則於天下之事，皆有以知其所止而

疑矣。詩云：「瞻彼淇澳，菉竹猗猗。有斐君子，如切如磋，

如琢如磨。瑟兮僩兮，赫兮喧兮。有斐君子，終不可諠兮！」

「如切如磋」者，道學也；「如琢如磨」者，自脩也；「瑟兮僩

兮」者，恂慄也；「赫兮喧兮」者，威儀也；「有斐君子，終不可

諠兮」者，道盛德至善，民之不能忘也。〔澳，於六反。菉，音陸。猗，叶韻音。詩〕

III.5

菉、詩作綠。猗、叶韻音阿。僴、下版反。喧、詩作咺。諠、詩作諼。○詩衛風淇澳之篇。淇、水名。澳、隈也。猗猗、美盛貌。興也。斐、文貌。切以刀鋸、磋以鑢鐋、琢以椎鑿、磨以沙石、皆治物使其平滑也。治骨角者、既切而復磋之。治玉石者、既琢而復磨之。皆言其治之有緒、而益致其精也。瑟、嚴密之貌。僴、武毅之貌。赫喧、宣著盛大之貌。諠、忘也。道、言也。學、謂講習討論之事。自修者、省察克治之功。恂慄、戰懼也。威、可畏也。儀、可象也。引詩而釋之、以明明德者之止於至善。道學自修、言其所以得之之由。恂慄威儀、言其德容表裏之盛。卒乃指其實而歎美之也。

詩云、於戲、前王不忘。君子賢其賢而親其親、小人樂其樂而利其利。此以沒世不忘也。

於戲、音嗚呼。樂、音洛。○詩周頌烈文之篇。於戲、歎辭。前王、謂文武也。君子、謂其後賢後王。小人、謂後民也。此言前王所以新民者止於至善、能使天下後世無一物不得其所、所以既沒世而人思慕之、愈久而不忘也。此兩節詠歎淫泆、其味深長、當熟玩之。

大學　四一　中華書局聚

V.1-2　　　　　　IV.1

右傳之三章釋止於至善此章內自引淇澳詩以下舊本誤在

誠下意章下

子曰聽訟吾猶人也必也使無訟乎無情者不得盡

其辭大畏民志此謂知本引夫子之言而記之猶人不異於人也情實也聖人能使無實之人不敢盡其虛誕之辭蓋我之明德既明自然有以畏服民之心志故訟不待聽而自無也觀於此言可以知

本末之先後矣

此謂知本程子曰此句之上別有闕文此謂知之至也此句特其結語耳衍文也

右傳之四章釋本末此章舊本誤在信下

右傳之五章蓋釋格物致知之義而今亡矣

此謂知本在止於

誤在經文之下章閒嘗竊取程子之意以補

此章舊本通下

VI.1

謂自謙。故君子必慎其獨也。惡惡好上字皆去聲·謙讀為慊·苦劫反。○誠其意

所謂誠其意者。毋自欺也。如惡惡臭。如好好色。此之

體大用無不明矣。此謂物格。此謂知之至也。

焉則眾物之表裏精粗無不到。而吾心之全

至乎其極。至於用力之久。而一旦豁然貫通

下之物莫不因其已知之理而益窮之以求

有不盡也。是以大學始教必使學者即凡天

天下之物莫不有理惟於理有未窮故其知

即物而窮其理也蓋人心之靈莫不有知而

之曰所謂致知在格物者。言欲致吾之知在

大　學　
五　中華書局聚

VI.3　　　　　　VI.2

者，自脩之首也。毋者，禁止之辭。自欺云者，知為善以去惡，而心之所發有未實也。謙，快也，足也。獨者，人所不知而己所獨知之地也。言欲自脩者知為善以去其惡，則當實用其力，而禁止其自欺。使其惡惡則如惡惡臭，好善則如好好色，皆務決去，而求必得之，以自快足於己，不可徒苟且以徇外而為人也。然其實與不實，蓋有他人所不及知而己獨知之者，故必謹之於此以審其幾焉。小人閒居為不善，無所不至，見君子而后厭然，揜其不善，而著其善。此謂誠於中，形於外，故君子必慎其獨也。閒居音閑。厭音黶。獨處也。厭然，消沮閉闔。○厭，鄭氏讀為黶。人之視己，如見其肺肝然，則何益矣。此謂誠於中，形於外，故君子必慎其獨也。此言小人陰為不善，而陽欲揜之，則是非不知善之當為與惡之當去也，但不能實用其力以至此耳。然欲揜其惡而卒不可揜，欲詐為善而卒不可詐，則亦何益之有哉。此君子所以重以為戒，而必謹其獨也。曾子曰：十目所視，十手所指，其嚴乎。上引文此以明之意。

VII.1　　　　　　　　　　　　　　　　　　VI.4

不言雖幽獨之中，而其善惡之不可揜如此，可畏之甚也。

富潤屋，德潤身，心廣體胖，故君子必誠其意。 胖，步丹反。○胖，安舒也。言富則能潤屋矣，德則能潤身矣，故心無愧怍，則廣大寬平，而體常舒泰，德之潤身者然也。蓋善之實於中而形於外者如此，故又言此以結之也。

右傳之六章，釋誠意。 經曰：欲誠其意，先致其知。又曰：知至而后意誠。蓋心體之明有所未盡，則其所發必有不能實用其力，而苟焉以自欺者。然既明矣，而不謹乎此，則其所明又非己有，而無以為進德之基。故此章之指，必承上章而通考之，然後有以見其用力之始終，其序不可亂而功不可闕如此云。

所謂脩身在正其心者，身有所忿懥，則不得其正；有所恐懼，則不得其正；有所好樂，則不得其正；有所憂患，則不得其正。 忿，弗粉反。懥，敕值反。好、樂，並去聲。○程子曰：身有之身當作心。○忿懥，怒也。

大學

VIII.1　　　　　VII.3　VII.2

蓋是四者，皆心之用，而人所不能無者。然一有之而不能察，則欲動情勝，而其用之所行，或不能不失其正矣。

心不在焉，視而不見，聽而不聞，食而不知其味。

心有不存，則無以檢其身，是以君子必察乎此而敬以直之，然後此心常存而身無不脩也。

此謂脩身在正其心。

右傳之七章，釋正心脩身。此章亦承上章以起下章。蓋意誠則真無惡而實有善矣，所以能存是心以檢其身。然或但知誠意，而不能密察此心之存否，則又無以直內而脩身也。自此以下，並以舊文為正。

所謂齊其家在脩其身者，人之其所親愛而辟焉，之其所賤惡而辟焉，之其所畏敬而辟焉，之其所哀矜而辟焉，之其所敖惰而辟焉。故好而知其惡，惡而知

IX.1　　　VIII.3　　VIII.2

其美者天下鮮矣。〔辟，讀爲僻。○人，謂眾人。之，猶於也。辟，猶偏也。五者在人本有當然之則，然常人之情，惟其所向而不加察焉，則必陷於一偏，而身不脩矣。○好、惡並去聲。鮮，上聲。〕故諺有之曰：人莫知其子之惡，莫知其苗之碩。〔諺，音彥。碩，叶韻。○諺，俗語也。溺愛者不明，貪得者無厭，是則偏之爲害，而家之所以不齊也。〕此謂身不脩不可以齊其家。

右傳之八章。釋脩身齊家。

所謂治國必先齊其家者，其家不可教而能教人者，無之。故君子不出家而成教於國。孝者，所以事君也；弟者，所以事長也；慈者，所以使眾也。〔○弟、身去聲。脩則家上聲。長，上聲。孝弟慈，所以脩身而教於家者也。然而國之所以事君事長使眾之道不外乎此。所以家齊於上而教成於下也。〕

IX.5　　　　　　　IX.4　　　IX.3　　IX.2

而下教成也。○康誥曰：如保赤子，心誠求之，雖不中不遠矣。

未有學養子而后嫁者也。〔又中去聲。○此引書而釋之，又明立教之本不假強為，在識其端而推廣之耳。〕一家仁一國與仁一家讓一國與讓一

人貪戾一國作亂其機如此此謂一言僨事一人定

國。〔僨音奮。○僨，覆敗也。○一人謂君也。機，發動所由也。此言教成於國之效。〕堯舜帥天下

以仁而民從之桀紂帥天下以暴而民從之其所令

反其所好而民不從是故君子有諸己而后求諸人

無諸己而后非諸人所藏乎身不恕而能喻諸人者

未之有也。〔善好去聲。○此又承上文一人定國而言。有善於己，然後可以責人之善；無惡於己，然後可以正人之惡。皆推己以及人，所謂恕也。○喻，曉也。〕故治

如是則所令人之反其惡所皆好推而己民以不及從人矣所謂恕曉也也不故治

X.1　　　IX.9　IX.8　IX.7　　　IX.6

國在齊其家。（上通結文。）詩云：桃之夭夭，其葉蓁蓁，之子于（夭，音妖，平聲。○蓁，詩榛。）歸，宜其家人。宜其家人，而后可以教國人。（詩周南桃夭之篇。夭夭，少好貌。蓁蓁，美盛貌。興也。之子，猶言是子。此指女子之嫁者而言也。婦人謂嫁曰歸。）宜（猶善也。）詩云：宜兄宜弟。宜兄宜弟，而后可以教國人。（詩小雅蓼蕭篇。）詩云：其儀不忒，正是四國。其為父子兄弟足法，（詩曹風鳲鳩篇。忒，差也。）而后民法之也。（引詩皆以詠歎上文之事，而又結之如此。其味深長，最宜潛玩。）此謂治國在齊其家。（三。）

右傳之九章。釋齊家治國。

所謂平天下在治其國者，上老老而民興孝，上長長而民興弟，上恤孤而民不倍，是以君子有絜矩之道

大學　　八　中華書局聚

X.3　　　　　　　　　X.2

也。老，長上聲。弟，去聲。與、謂有倍，與背同。絜，胡結反。○老老，所謂老吾老也。興，謂有所感發而興起也。孤者，幼而無父之稱。絜，度也。矩，所以為方也。言此三者，上行下效，捷於影響，所謂家齊而國治也。亦可以見人心之所同，而不可使有一夫之不獲矣。是以君子必當因其所同，推以度物，使彼我之間，各得分願，則上下四旁，均齊方正，而天下平矣。

所惡於上，毋以使下。所惡於下，毋以事上。所惡於前，毋以先後。所惡於後，毋以從前。所惡於右，毋以交於左。所惡於左，毋以交於右。此之謂絜矩之道。

惡、先，並去聲。○此覆解上文絜矩二字之義。如不欲上之無禮於我，則必以此度下之心，而亦不敢以此無禮待之。不欲下之不忠於我，則必以此度上之心，而亦不敢以此不忠事之。至於前後左右，無不皆然，則身之所處，上下四旁，長短廣狹，彼此如一，而無不方矣。彼同有是心而興起焉者，又豈有一夫之不獲哉。所操者約，而所及者廣，此平天下之要道也。故章內之意，皆自此而推之。詩云樂

珍倣朱版印

X.5　　　　　X.4

大
學

只君子，民之父母。民之所好好之，民之所惡惡之，此之謂民之父母。○樂音洛。只、南音紙。好、惡並去聲。○詩小雅南山有臺之篇。只、語助辭。言能絜矩而以民愛之心為己心矣，則是愛民如子，而民愛之如父母矣。

詩云：節彼南山，維石巖巖，赫赫師尹，民具爾瞻。有國者不可以不慎，辟則為天下僇矣。節讀為截。僇與戮同。○詩小雅節南山之篇。節、截然高大貌。師尹、周大師尹氏也。具、俱也。辟、偏也。言在上者人所瞻仰，不可不謹。若不能絜矩而好惡徇於一己之偏，則身弒國亡，為天下之大僇矣。

詩云：殷之未喪師，克配上帝。儀監于殷，峻命不易。道得眾則得國，失眾則失國。喪、儀並去聲。峻、詩作駿。天下去聲。○詩文王篇。師、眾也。配、對也。配上帝，言其為天下君，而對乎上帝也。監、視也。峻、大也。不易、言難保也。道、言也。引詩而言此，以結上文兩節之意。有天下者，能存此心而不失，則所以絜矩而與民同意。

九

X.12　　X.11　　　　X.10　　X.9　　X.8　　X.7　　　　X.6

能者已矣。〔自不〕是故君子先慎乎德，〔先慎乎德，承上文而言。德即所謂明德。有人謂得眾，有土謂得國，則不患無財用矣。〕有德此有人，此有土，有土此有財，此有用，〔可不慎乎。〕德者本也，財者末也。〔本，上文本字。〕外本內末，爭民施奪。〔人君以德為外，以財為內，則是爭鬥其民，而施之以劫奪之教也。蓋財者人之所同欲，不能絜矩而欲專之，則民亦起而爭奪矣。〕是故財聚則民散，財散則民聚。〔外本內末故財聚，爭民施奪故民散，反是則有德而有人矣。〕是故言悖而出者，亦悖而入貨；悖而入者，亦悖而出。〔悖，逆也。此以言之出入，明貨之出入也。自先慎乎德以下至此，又因財貨，以明能絜矩與不能者之得失也。〕康誥曰：惟命不于常。道善則得之，不善則失之矣。〔道，言也。因上文引文王詩之意而申言之。其丁寧反覆之意益深切矣。〕楚書曰：楚國……

〔珍傲宋版印〕

X.15　　　　　　　　　　　　　X.14　　X.13

無以爲寶。惟善以爲寶。鑢，書作礪。語言不寶也。舅犯曰亡

人無以爲寶。仁親以爲寶。犯，舅士。晉文公舅狐偃，字好犯，時爲公

斷斷兮無他技。其心休休焉。其如有容焉。秦誓曰：若有一个臣

若己有之。人之彥聖。其心好之，不啻若自其口出。寔

能容之。以能保我子孫黎民。尚亦有利哉。人之有技

媢疾以惡之。人之彥聖而違之。俾不通。寔不能容。以

不能保我子孫黎民。亦曰殆哉。介古賀反。媢，書作冒。○介，秦

媢書作冒。○介，秦。唯仁人放

流之。迸諸四夷。不與同中國。此謂唯仁人爲能愛人。

誓，周書。斷斷，誠一之貌。彥，美士也。聖，通明也。媢，忌也。違，拂戾也。殆，危也。

大學

X.19　　　　X.18　　　　X.17　　　　X.16

能惡人。迸，讀為屏，古字通用。○仁人必逐也。言有此媢疾之人，妨賢而病國，則仁人必深惡而痛絕之，好惡其至正大公，如此無私也，故能

見賢而不能舉，舉而不能先，命也；見不善而不能退，退而不能遠，過也。命，鄭氏云當作慢，程子云當作怠，未詳孰是。若此者，知所愛惡矣，而未能盡愛惡之道，蓋君子而未仁者也。所愛

好人之所惡，惡人之所好，是謂拂人之性，菑必逮夫身。菑，古災字。○好、惡，並如字。拂，逆也。舍也。自而秦誓人之性，至此又。

是故君子有大道，必忠信以得之，驕泰以失之。君子，以位言之。道謂居其位而修己治人之術。發己自盡為忠，循物無違謂信。驕者矜高，泰者侈肆。此因上所引文王、康誥之意而言。章內三言得失，而語益加切，蓋至此而天理存亡之幾決矣。

生財有大道：生之者眾，食之者寡。

X.22　　　X.21　　　X.20

為之者疾用之者舒則財恆足矣。○恆胡登反。○國無遊民則生

者眾矣。朝無幸位則用之者舒矣。愚按此因有土有財而言

以明足國之道在乎務本而節用。非必外本內末而後財可聚也。自此以至終篇皆一意也。○仁者

以財發身不仁者以身發財。發猶起也。仁者散財以得民。不仁者亡身以殖貨。未有上好仁而下不好義者也。未有好義其事不

終者也。未有府庫財非其財者也。上好仁以愛其下。則下好義以忠其上。所以事必有終。而府庫之財無悖出之患也。○孟獻子曰畜馬乘不察於雞

豚伐冰之家不畜牛羊。百乘之家不畜聚斂之臣。與其有聚斂之臣寧有盜臣。此謂國不以利為利以義

為利也。畜許六反。乘斂並去聲。○孟獻子魯之賢大夫仲孫蔑也。畜馬乘士初試為大夫者也。伐

大學

十一　中華書局聚

X.23

冰之家卿大夫以上喪祭用冰者也。百乘之家有采
地者也。君子寧亡己之財而不忍傷民之力。故寧有
盜臣而不畜聚斂之臣。此謂以下不以利為利以義為利
謂以下而不畜聚斂之臣也。此長國家而務財用者必自
小人矣。彼為善之小人之使為國家菑害並至雖有
善者亦無如之何矣。此謂國不以利為利以義為利
也。○長國上言彼為小人導之此句上下一節疑有闕文誤字
也。此言由小人導之此句上下一節疑深明以利誤為利之
其害而寧重之意以結之。

右傳之十章。釋治國平天下。此與民章同好惡務在
與民同好惡務而

十章前四章統論綱領指趣。後六章細論條
目工夫其第五章乃明善之要。第六章乃誠

右傳之十章。釋治國平天下。此與民章之義務在
則不親其樂利。皆推廣得其絜矩而天意下也。能如是凡傳
十章前四章統論綱領指趣。後六章細論條
目工夫其第五章乃明善之要。第六章乃誠

珍做宋版印

身之本在初學尤爲當務之急讀者不可以

其近而忽之也

大

學

十二 中華書局聚

記大學後

右大學一篇經二百有五字傳十章今見於戴氏禮書而

簡編散脫傳文頗失其次子程子蓋嘗正之熹不自揆竊

因其說復定此本蓋傳之一章釋明明德二章釋新民三

章釋止於至善以上並從程本而增詩云瞻彼其澳以下

致知定今六章釋誠意本從程七章釋正心脩身八章釋脩

身齊家九章釋齊家治國平天下並從舊本序次有倫義理通

貫似得其真謹第録如上其先賢所正衍文誤字皆存其

本文而圍其上旁注所改又與今所疑者并見於釋音云

新安朱熹謹記

參考書目

一　中文書目

哈佛燕京學社引得叢刊　哈佛燕京學社引得編纂處編　北平　燕京大
　　學　1931-1947年

直齋書錄解題　陳振孫　叢書集成本

世善堂藏書目錄　陳第　叢書集成本

四書全書總目提要（共五冊）　臺北　臺灣商務印書館　1971年

玉海　王應麟　1883年（*校按：清光緒9年）浙江書局本

事物紀原集類　高承　臺北　新興書局　1969年（據1447年〔*校
　　按：明正統12年〕刻本影印）

困學紀聞　王應麟　四部叢刊本

漢魏博士考　王國維　王觀堂先生全集　第1冊　臺北　文華出版公
　　司　1968年

十三經注疏　阮元（1764-1849）編纂　臺北　藝文印書館　1965年
　　（據1815年南昌本翻印）

周易　哈佛燕京學社引得叢刊　特刊第10號

參同契正文　魏伯陽　叢書集成本

伊川易傳　程頤　二程全書　四部備要本

尚書　十三經注疏本

東坡先生書傳　蘇軾　兩蘇經解本　1597年（*校按：明萬曆25年）本

詩經　引用詩篇序次皆據毛詩標準本

周禮　十三經注疏本

禮記　十三經注疏本

春秋　哈佛燕京學社引得叢刊　特刊第11號

春秋集傳纂例　陸淳　古經解彙函本　1873年（*校按：清同治12年）

左傳　哈佛燕京學社引得叢刊　特刊第11號

公羊傳　十三經注疏本

穀梁傳　春秋經傳引得　哈佛燕京學社引得叢刊　特刊第11號

四書大全　日本1626年（*校按：寬永3年）本（此本乃據明永樂13年
　　〔1415〕之本）

四書蒙引　蔡虛齋　四庫全書珍本　三集　第110冊　臺北　臺灣商務
　　印書館　1972年

四書考異　翟灝　1769年（*校按：清乾隆34年）本

論語　哈佛燕京學社引得叢刊　特刊第16號

論語集注　朱熹　四書集注　四部備要本

孟子　哈佛燕京學社引得叢刊　特刊第17號

大學章句　朱熹　四書集注　四部備要本

大學或問　朱熹　日本1626年（*校按：寬永3年）四書大全本（此本
　　乃據明永樂13年〔1415〕之本）

大學纂疏　趙順孫纂　四書纂疏　高雄　啟聖圖書公司　1973年（據
　　通志堂經解本翻印）

大學研究　趙澤厚　臺北　中華書局　1962年

中庸　引用章節序碼悉據中庸標準定本

經義考　朱彝尊　四部備要本

經學歷史　皮錫瑞　臺北　河洛圖書出版社　1974年

支那經學史論　本田成之著　後由江俠菴譯為經學史論　上海　商務
　　印書館　1934年

中國經學史　馬宗霍　臺北　臺灣商務印書館　1972年

中國近三百年學術史（二冊）　錢穆　臺北　臺灣商務印書館　1957年

國語　四部叢刊本

史記　司馬遷　史記會注考證本（共十冊）　瀧川龜太郎編注　東京
　　東方文化學院　1932-1934年

漢書　北京　中華書局　1962年

舊唐書　北京　中華書局　1975年

宋史　百衲本

元史　北京　中華書局　1976年

史通　劉知幾　四部叢刊本

續資治通鑑長編　李燾　臺北　世界書局　1974年

宋會要輯稿　徐松（於1809-1810年據永樂大典）重輯　北京　中華
　　書局　1957年

宋人傳記資料索引（共六冊）　昌彼得、程元敏、王德毅編　臺北
　　鼎文書局　1974-1976年

荀子集解　王先謙編　1891年（*校按：清光緒17年）本

揚子法言　揚雄　四部叢刊本

鹽鐵論　桓寬　四部叢刊本

白虎通（白虎通德論）　四部叢刊本

張子全書　張載　國學基本叢書本

溫國文正司馬公文集　司馬光　四部叢刊本

河南程氏經說　程顥、程頤　二程全書　四部備要本

河南程氏遺書　程顥、程頤　國學基本叢書本

河南程氏外書　程顥、程頤　二程全書　四部備要本

朱子語類　黎靖德編　1880年（*校按：清光緒6年）本

朱子年譜　王懋竑　叢書集成本

從政及講座中的朱熹　白壽彝　北京　國立北平研究院　1931年（＊
　　校按：書名應作《從政及講學中的朱熹》）

朱子新學案（五冊）　錢穆　臺北　三民書局　1971年

中國人性論史　徐復觀　臺中　中央書局（＊校按：應為東海大學出
　　版，中央書局經銷）　1963年

朱文公校昌黎先生文集　韓愈　四部叢刊本

李文公集　李翱　四部叢刊本

歐陽文忠公集　歐陽修　四部叢刊本

伊川先生文集　程頤　二程全書　四部備要本

晦庵先生朱文公續集　朱熹　四部叢刊本

晦庵先生朱文公文集　朱熹　四部叢刊本

晦庵先生朱文公別集　朱熹　四部叢刊本

四部概論　錢穆　中國學術通義　臺北　學生書局　1975年

大學辨　高明　禮學新探　香港　聯合書院（＊校按：全名作「香港
　　中文大學聯合書院中文系」）　1963年

大學為荀學說　馮友蘭　燕京學報　第7期　1930年　頁1319-1326

大學章句辨證及格物致知思想之發展　唐君毅　清華學報　新第4卷
　　第2期　1964年2月　頁1-49

宋人疑經的風氣　屈萬里　大陸雜誌　第29卷第3期　1964年8月　頁
　　23-25

大學分章之研究　蔡仁厚　孔孟學報　第9期　1965年　頁53-76

荀子與大學中庸　戴君仁　孔孟學報　第15期　1968年　頁91-103

二　日文書目

大學中庸　諸橋轍次　漢文講座　第5卷　東京　講道館　1931年

大學中庸　赤塚忠　新釈漢文大系　第2卷　東京　明治書院　1967年

大學中庸　島田虔次　中國古典選　第4卷　東京　朝日新聞社　1967年

大學中庸　山下龍二　全釈漢文大系　第3卷　東京　集英社　1974年

四書訓蒙輯疏　安部井帽山　1848年版

支那學術文藝史　長澤規矩也　東京　三省堂　1938年

經學研究序說　諸橋轍次　東京　目黑書店　1975年

中國思想史　武內義雄　東京　岩波書店　1936年

中國哲學史　狩野直喜　東京　岩波書店　1953年

儒學の目的と宋儒の活動　諸橋轍次　諸橋轍次著作集　第1卷　東京　大修館書店　1936年

宋代儒學の禪思想研究　久須本文雄　名古屋　日進堂書店　1980年

程伊川哲學の研究　市川安司　東京　東京大學出版社　1964年

朱子學と陽明學　島田虔次　東京　岩波書店　1967年

大漢和辭典（共十三冊）　諸橋轍次　東京　大修館書店　1955-1960年

大學篇成立年代攷　武內義雄　老子原始　東京　清水弘文堂書房　1967年

大學を中心としたる宋代儒學　麓保孝　支那學研究　第3卷　1949年　頁269-309

朱子語類雜記　市川安司　人文科學科紀要（＊校按：全名為《東京大學教養學部人文科學科紀要》）　第21輯　1959年（＊校按：誤，應為1960年）　頁137-184

宋代における大學篇表章の始末　戶田豐三郎　東方學　第21輯　1961年　頁46-56

三　西文書目

Biot, Edouard. *Le Tcheou-li, ou Rites des Tcheou.* 2 vols. Paris, Imprimerie nationale, 1851.

Chan, Hok-lam(陳學霖) and Wm. Theodore de Bary(狄百瑞), eds. *Yuan Thought: Chinese Thought and Religion Under the Mongols.* New York, Columbia University Press, 1982.

Chan, Wing-tsit(陳榮捷). "Chu Hsi's Completion of Neo-Confucianism," in *Etudes Song: In Memoriam Etienne Balazs.* Ed. Francoise Aubin. Series II, no. 1(1973).

——. "The Evolution of the Neo-Confucian Concept *Li* as Principle," in *Neo-Confucianism, Etc.: Essays by Wing-Tsit Chan.* Comp. Charles K. H. Chen. Hanover, Oriental Society, 1969.

——. *Reflections on Things at Hand.* New York, Columbia University Press, 1967.

——. *A Source Book in Chinese Philosophy.* Princeton, Princeton University Press, 1963.

——. "The Study of Chi Hsi in the West," *Journal of Asian Studies* 35.4:555-577 (August 1976).

——. "Wang Yang-ming: Western Studies and an Annotated Bibliography," *Philosophy East and West* 22:75-92 (1972).

Chavanncs. Edouard. *Les Mémoires historiques de Se-ma Ts'ien.* 5 vols. Paris, Leroux, 1895-1905.

de Bary, Wm. Theodore. *The Liberal Tradition in China* (《中國的自由傳統》). Hong Kong, Chinese University Press, 1983.

——. *Neo-Confucian Orthodoxy and the Learning of the Mind-and-Heart*. New York, Columbia University Press, 1981.

de Bary, Wm. Theodore and Irene Bloom, eds. *Principle and Practicality: Essays in*

Neo-Confucianism and Practical Learning. New York, Columbia University Press, 1979.

——. "A Reappraisal of Neo-Confucianism," in *Studies in Chinese Thought*. Ed. Arthur Wright. Chicago, University of Chicago Press, 1953.

——. , ed. *Sources of Chinese Tradition*, Vol. I. New York, Columbia University Press, 1960.

Dubs, Homer(德效騫). *History of the Former Han Dynasty*. 3 vols. Baltimore, Waverly Press, Inc., 1938.

Fung Yu-lan(馮友蘭). *A History of Chinese Philosophy*(《中國哲學史》) 2 vols. Tr. Derk Bodde. Princeton, Princeton University Press, 1953.

Gardner, Daniel K. "Chu Hsi's Reading of the *Ta-hsüeh*: A Neo-Confucian's Quest for Truth." *Journal of Chinese Philosophy* 10.3:183-204 (September 1983).

——. "Principle and Pedagogy: Chu Hsi and the Four Books." *Harvard Journal of Asiatic Studies* 44.1:57-81 (June 1984).

——. "Transmitting the Way: Chu Hsi and His Program of Learning." Forthcoming in a volume ed. Wm. Theodore de Bary, consisting of essays originally prepared for the conference Neo-Confucian Education: The Formative State, Princeton, September 1984.

Giles, Herbert A.(翟理斯). *A Chinese Biographical Dictionary*(《古今姓氏族譜》). Reprint. Taipei, Ch'eng-wen Publishing Co., 1971.

Graham, A. C.(葛瑞漢) *Two Chinese Philosophers: Ch'eng Ming-Tao and Ch'eng Yi-ch'uan*. London, Lund Humphries, 1958.

Hu Shih(胡適). "The Establishment of Confucianism as a State Religion During the Han Dynasty," *Journal of the North China Branch of the Royal Asiatic Society*. 60:20-41(1929).

Karlgren, Bernhard(高本漢). *The Book of Documents*. Reprinted from the *Bulletin of the Museum of Far Eastern Antiquities*, 22:1-81 (1950).

——. *The Book of Odes*. Stockholm, The Museum of Far Eastern Antiquities, 1950.

——. "Glosses on the Book of Documents," *Bulletin of the Museum of Far Eastern Antiquities* 20:39-312 (1948).

D. C. Lau(劉殿爵). *The Analects*(《論語》). Harmondsworth, Penguin, 1979.

——. *Mencius*(《孟子》). Harmondsworth, Penguin, 1970.

——. "A Note on Ke Wu格物," *Bulletin of the School of Oriental and African Studies*, 30:353-357(1967).

Legge, James(理雅各). *The Chinese Classics*. 5 vols. Rev. edition. Hong Kong, Hong Kong University Press, 1960.

——. *Li Ki*. 2 vols. Vols. 27 and 28 of the *Sacred Books of the East*. Ed. F. Max Müller. Oxford, Clarendon Press, 1885.

Liu, James T. C.(劉子健) "An Early Sung Reformer: Fan Chung-yen," in *Chinese Thought and Institutions*. Ed. John K. Fairbank. Chicago, University of Chicago Press, 1957.

——. *Ou-yang Hsiu: An Eleventh-Century Neo-Confucianist*. Stanford, Stanford University Press, 1967.

——. *Reform in Sung China: Wang An-shih (1021-1086) and His New*

*Policie*s. Cambridge, Harvard University Press, 1959.

Mathews' Chinese-English Dictionary(《麥氏漢英大辭典》). Revised American edition. Cambridge, Harvard University Press, 1960.

Metzger, Thomas. *Escape from Predicament: Neo-Confucianism and China's Evolving Political Culture*. New York, Columbia University Press, 1977.

Nivison, David(倪德衛). "Introduction," in *Confucianism in Action*. Ed. David Nivison and Arthur Wright. Stanford, Stanford University Press, 1959.

Pulleyblank, E. G.(蒲立本) "Chinese Historical Criticism: Liu Chih-chi and Ssu-ma Kuang," in *Historians of China and Japan*. Ed. W. G. Beasley and E. G. Pulleyblank. London, Oxford University Press, 1961.

———. "Neo-Confucianism and Neo-Legalism in T'ang Intellectual Life, 755-805," in *The Confucian Persuasion*. Ed. Arthur Wright. Stanford, Stanford University Press, 1960.

Sargent, Galen. *Tchou Hi contre le Bouddhisme*. Paris, Imprimerie nationale, 1955.

Schirokauer, Conrad M. "Chu Hsi's Political Career: A Study in Ambivalence." In *Confucian Personalities,* Ed. Arthur Wright and Denis Twitchett. Stanford, Stanford University Press, 1962.

Schwartz, Benjamin I. "Some Polarities in Confucian Thought," in *Confucianism in Action*. Ed. David Nivison and Arthur Wright. Stanford, Stanford University Press, 1959.

Shryock, John K. *The Origin and Development of the State Cult of Confucius*. New York, Paragon Book Reprint Corp., 1966.

Soothill, William Edward(蘇慧廉). *A Dictionary of Chinese Buddhist Terms*. 1937 edition; reprint. Kaohsiung, Buddhist Culture Service, 1971.

Sung, Z. D.(沈仲濤) *The Text of Yi King: Chinese Original with English Translation*(《華英易經》). Shanghai, The Modern China Education Co., 1935.

Teng, Ssu-yü(鄧嗣禹) and Knight Biggerstaff(畢乃德). *An Annotated Bibliography of Selected Chinese Reference Works*(《中文參考書目選註》). Third edition. Cambridge, Harvard University Press, 1971.

Tillman, Hoyt C.(田浩) *Utilitarian Confucianism: Ch'en Liang's Challenge to Chu Hsi*. Cambridge, The Council on East Asian Studies, Harvard University, 1982.

Tjan Tjoe Som(曾珠森). *Po Hu T'ung*(《白虎通》)*: The Comprehensive Discussions in the White Tiger Hall*. 2 vols. Leiden, Brill, 1949.

Ts'ai Yung-ch'un(蔡詠春). *The Philosophy of Ch'eng I: A Selection of Texts from the Complete Works. Edited and Translated with Introduction and Notes*. Ann Arbor, University Microfilms International, 1950.

Tu, Wei-ming(杜維明). "The Great Learning in Neo-Confucian Thought." Paper presented at the Annual Meeting of the Association for Asian Studies. Toronto, 19 March 1976.

——. "Reconstituting the Confucian Tradition." (Review of Ch'ien Mu's *Chu-tzu hsin hsueh-an*). *The Journal of Asian Studies* 33.3:441-454 (May 1974).

Waley, Arthur. *The Analects of Confucius*. New York, Vintage, 1938.

Wallacker, Benjamin E. "Han Confucianism and Confucius in Han," in

Ancient China: Studies in Early Civilization. Ed. David T. Roy and Tsuen-hsuin Tsien(錢存訓). Hong Kong, The Chinese University Press, 1978.

Watson, Burton, tr. *Records of the Grand Historian of China*. 2 vols. New York, Columbia University Press, 1961.

——. *Ssu-ma Ch'ien: Grand Historian of China*. New York, Columbia University Press, 1958.

Yü Ying-shih(余英時). "Some Preliminary Observations on the Rise of Ch'ing Confucian Intellectualism(〈清代儒家知識主義的興起初論〉)," *Tsing Hua Journal of Chinese Studies*(《清華學報》), New Series 11.1 and 2: 105-146 (December 1975).

索引

七畫

佛教

君子

宋代

八畫

西方學者詮釋中國經典叢書　0503002

朱熹與大學：新儒學對儒家經典之反思

作　　　者	賈德訥
譯　　　者	楊惠君
修 訂 者	蕭開元
責任編輯	蔡雅如

發 行 人	林慶彰
總 經 理	梁錦興
總 編 輯	張晏瑞
編 輯 所	萬卷樓圖書股份有限公司

臺北市羅斯福路二段 41 號 6 樓之 3
電話 (02)23216565
傳真 (02)23218698

發　　　行　萬卷樓圖書股份有限公司
臺北市羅斯福路二段 41 號 6 樓之 3
電話 (02)23216565
傳真 (02)23218698
電郵 SERVICE@WANJUAN.COM.TW
香港經銷　香港聯合書刊物流有限公司
電話 (852)21502100
傳真 (852)23560735

ISBN 978-957-739-642-6
2021 年 10 月初版二刷
2015 年 8 月初版
定價：新臺幣 300 元

如何購買本書：

1. 劃撥購書，請透過以下郵政劃撥帳號：
   帳號：15624015
   戶名：萬卷樓圖書股份有限公司

2. 轉帳購書，請透過以下帳戶
   合作金庫銀行　古亭分行
   戶名：萬卷樓圖書股份有限公司
   帳號：0877717092596

3. 網路購書，請透過萬卷樓網站
   網址　WWW.WANJUAN.COM.TW

大量購書，請直接聯繫我們，將有專人為您服務。客服：(02)23216565 分機 610

如有缺頁、破損或裝訂錯誤，請寄回更換
版權所有・翻印必究
Copyright©2021 by WanJuanLou Books CO., Ltd.
All Rights Reserved　　　Printed in Taiwan

國家圖書館出版品預行編目資料

朱熹與大學：新儒學對儒家經典的反思 /
Daniel K. Gardner 著；楊惠君譯；蕭開元修訂.
-- 初版. -- 臺北市：萬卷樓, 2015.08
　　面；　　公分　　參考書目:面　含索引
ISBN 978-957-739-642-6(平裝)

1.(宋)朱熹 2.大學(經書) 3.學術思想 4.新儒學

121.2517　　　　　　　　　　　　97022007